内海﨑貴子 編著

教職のための道徳教育

上坂保仁　宇内一文　佐藤淳介
杉山倫也　原田恵理子　吉岡昌紀

八千代出版

執筆者一覧（50音順）

上坂　保仁　　明星大学教育学部准教授
　　Ⅱ部第2章

内海﨑貴子　　川村学園女子大学大学院人文科学研究科教育学専攻教授
　　Ⅰ部第1章、Ⅱ部第3章第2節、Ⅱ部第4章1・2

宇内　一文　　常葉大学健康プロデュース学部講師
　　Ⅱ部第1章、Ⅱ部第4章4・5

佐藤　淳介　　大分県立芸術文化短期大学情報コミュニケーション学科教授
　　Ⅰ部第3章

杉山　倫也　　玉川大学教育学部教授
　　Ⅰ部第2章、Ⅱ部第3章第1節

原田恵理子　　東京情報大学総合情報学部准教授
　　Ⅰ部第5章、Ⅱ部第4章6

吉岡　昌紀　　清泉女子大学文学部教授
　　Ⅰ部第4章、Ⅱ部第4章3

はじめに

　皆さんの中には、子どもの頃、主人公が攻撃されている人々を助けるアニメや本に夢中になった人もいるだろう。正義の味方を好むのは、人間の持つ正義を肯定する本性によるのかもしれない。次の記事を見てほしい。

　「弱者を助ける『正義の味方』を好む傾向は、生後6か月ごろからみられる」。これは、2017年3月31日、「Nature Human Behaviour」オンライン版に掲載された、京都大学などのグループの研究成果を伝える記事の見出しである。これまで、弱い者を強い者から守るという「正義」の行為は、幼児期後期（4〜5歳）に見られることがわかっていた。しかし、その行為が学習によって獲得されるのか、生後早期に見られる傾向なのかについてはわからなかった。京大グループが明らかにしたのは、「正義への憧憬が、ヒトに生来的に備わった性質である可能性」、ヒトの「発達初期の正義を肯定する傾向」である。研究グループによれば、今後は、①この傾向の発達要因（遺伝や環境要因の特定）、②その後発達する、より高次な正義感とどう関わるのか、の2点を解明することが必要であるという。そして、「これらの問題を科学的に検証することは、現代社会が喫緊に取り組むべき社会的課題であるいじめの本質的な理解とその解決に向けた議論につながる」としている（「心に刻み込まれた正義―乳児は弱者を助ける正義の味方を肯定する―」http://www.kyoto-u.ac.jp/ja/topics/）。

　この記事で注目してほしいのは、「発達初期の正義を肯定する傾向」がその後、どのような要因でより高次な正義感につながっていくか、まだわかっていないという点である。正義を肯定する傾向が本性であるとしても、一人ひとりの子どもが「正義を行う行為」を実践できるようになるには、子どもの十分な発達、周囲の環境、支援などが必要であることは間違いない。その過程に深く関わるのが親や教師など周囲の大人であり、家庭／学校教育である。正義を肯定する傾向を発達／向上させていくためには、周囲の適切な働きかけが重要であり、学校教育における道徳教育も、この周囲の適切な働きかけの一端を担うことになるだろう。

ところで、2015年3月、学習指導要領の一部改正が行われ、それまで特設であった「道徳の時間」が「特別の教科　道徳」(以下、道徳科)として「教科」になった。一般に、教育課程における「教科」には、その教科の「教科書」があり、その教科を専門とする教師(担当教員)がいて、教科を学習した子どもへの「評価」が必要となる。したがって、これから教師をめざす皆さんには、道徳科で教えるべき内容を十分に理解したうえで、教科書を活用し、適切な授業を行える力量が求められることになる。とりわけ、授業方法については、これまで皆さんが経験した「道徳の時間」の授業とは異なる学習方法が求められる。それは、──本書の中で詳述されるが──主体的・協働的な学び(アクティブ・ラーニング)の視点に立った、「考え、議論する道徳」を実現する授業／学習方法である。

　また、本来、学校における道徳教育は、学校の教育活動全体を通じて行うものであるから、道徳科だけではなく、他の教科の学習や児童生徒会活動、学校行事や部活動など日常の学校生活の中でも行われるものなのである。つまり、道徳科は、道徳性を養うことをめざし、学校教育活動全体で行われる道徳教育の中核的な役割を果たすものと考えられる。

　本書は、教職をめざす人たちのために書かれた「道徳教育」であり、理論編と実践編の2部構成になっている。理論編では、道徳教育を理解するために必要な教育学／心理学の基礎的・基本的理論が紹介される。実践編では、道徳科の授業実践に必要な学校教育における道徳教育の知識・技能が述べられ、学習指導案とその具体例が示される。

　理論編の第1章では、道徳教育の現代的課題について、「子ども」「家庭・家族」「現代社会」の3つの視点からその論点が紹介される。これらの論点は、将来、皆さんが教師として道徳教育の指導や授業実践を行う際に必ず直面する課題であるが、第2章以降で、それらの課題を考える理論的枠組みが提示される。まず、第2章では、そもそも道徳とは何かという根源的問いについて代表的な道徳論が紹介され、道徳教育の可能性／必要性とその限界が詳述される。次の第3章では、日本を中心にこれまでの道徳教育の変遷を振り返

りながら、道徳教育は必ずしも歴史的一貫性を持つものではないことが述べられる。さらに、第4章では、人間の道徳性の発達について、道徳的判断や思考に関する発達を中心に、様々な心理学的要因が詳述される。最後に第5章では、道徳教育の方法論的基礎として、道徳の指導方法に関わる3つのアプローチが解説される。

　理論編は、「実践編——道徳の指導法」の土台となる道徳教育の基礎的・基本的知識を中心に学習内容が構成されている。それらは、各執筆者の専門的知識に基づく教育学／心理学的視点から、最低限必要と思われる内容である。したがって、皆さんが実際に、道徳科の授業や児童生徒の指導を行うためには、これだけで十分とはいえない。そこで、各章の末尾に、皆さんに読んでほしい参考文献を掲載した。ぜひ活用して、さらに学習を深めてほしい。

　後半の実践編は、道徳の指導法に関わる学習内容で構成されている。まず第1章では、学校教育の中で行われている道徳教育の全体像——教育課程上の位置づけ、道徳教育の目標、内容、指導、教科教育や人権教育との関わり——がまとめられている。前章を受けて第2章では、学習指導要領「特別の教科　道徳」について詳述される。学習指導要領は、学校教育における学習内容の基準を示すものであるから、道徳科の授業を組み立てるために、皆さんは十分に理解していなければならない。つまり、第1章と第2章の内容は、道徳科の学習指導案作成のために必要な基礎的知識であるといえよう。次の第3章は、道徳教育の学習指導案について——授業における学習指導案の位置づけ、作成の手順、一般的な事例——具体的にまとめられている。さらに第4章では、小学校（2例）、中学校（3例）、高等学校（1例）の道徳科授業の実践例が示される。授業実践例は、学習指導要領で求められている「考え、議論する道徳の授業」を担保できるような授業／学習方法を用いている。これらの章を参考に、道徳科の学習指導案を作成し、模擬授業を実施することで、道徳科の授業のイメージをつかめるであろう。小・中学校はもとより、高等学校でも道徳教育の充実化が求められ、すでに高等学校で道徳の授業を必修としている地域もある。いずれの学校種の教師をめざす場合でも、ぜひ、模擬授業に挑戦してみてはどうだろうか。

最後に、毎日新聞「読書の広場」（2017年2月6日朝刊）に掲載された以下の記事を見てほしい。

「避難者いじめは大人の責任」高校生　Y.Iさん（16歳）（千葉県松戸市）
　　原発事故で避難してきた生徒へのいじめをニュースで知り、僕はとても悲しい気持ちになった。
　　未曾有の原発事故で家族や友人と離れてしまったり、故郷を失ったり、たくさんのストレスを抱えている人に対し、いじめをする人は心無い人だと思う。そもそも、問題の根本には大人たちの認識不足があると僕は思う。なぜ避難をしたのかをしっかりと大人が、子どもに伝えてほしかった。僕がいた小学校にも、福島県から避難してきた生徒がいた。最初は隣の学校に在学していたが、<u>いじめを受け僕たちの学校に転校してきたのだ</u>。彼が学校に来る前に、担任の先生が、<u>これまで彼にどのようなことがあったのかを話してくれた。彼の困難さを少しだけ理解することができた</u>。だから彼が来たとき、皆でドッジボールや鬼ごっこなどの遊びをした。彼が喜んでいる姿を見て、僕はとてもうれしかった。このように、<u>少しの先生の配慮で大きな変化があることを、ぼくは身をもって体験した</u>。（下線は引用者）

　児童生徒は教師の写し鏡である。教師の指導の適否で問題が解決することもあれば、反対に深刻化することもある。いうまでもなく、道徳教育には児童生徒との信頼関係が必要不可欠である。教師をめざす皆さんは、記事の内容を再確認し、道徳教育について考え続けてほしい。

　本書出版の契機は、道徳の教科化である。「道徳の時間」が教科になったことで、学校教育現場はもとより、教職課程で道徳教育を学ぶ皆さんの学習内容も当然変わることになった。道徳科の学習指導案が書けなければならないし、実際に授業ができなければならない。これまで理論学習が中心であった大学の授業も、学校現場で授業ができる力量、少なくともその基礎を身につけられる内容を組み込む必要に迫られた。この点を踏まえ、本書の編集にあたっては、理論と実践のバランスをとるように心がけたが、半期15回の授業で使用することを前提としたことから、十分でない部分もあるかもしれ

ない。本書と大学での授業内容をきっかけとして、さらなる学習を進めてもらいたい。

　なお、本書では、文部科学省が採用した「子供」という表記ではなく、これまでの教育学研究の歴史を踏まえ、大部分の執筆者が使い慣れている「子ども」という表記を採用した。また、「児童の権利に関する条約」も、一般に通称されている「子どもの権利条約」と表記していることをお断りしておく。

　最後に、『教職のための教育原理』に引き続き、本書の編集・刊行にあたり八千代出版の森口恵美子さん、井上貴文さんにご尽力いただいた。執筆者を代表して感謝申し上げる次第である。

2017年8月

内海﨑貴子

目　次

はじめに　i

Ⅰ　理論編

第1章　道徳教育の現代的課題 ──────────── 2

第1節　子どもとの関わりから考える　2
　1　いじめ　2　　2　情報社会（SNS）　5

第2節　家庭や家族との関わりから考える　8
　1　科学技術と生命倫理（出生前診断）　8　　2　子どもの貧困　10

第3節　現代社会との関わりから考える　13
　1　多様性（性の多様性）　13　　2　人権（子どもの権利）　15

第2章　道徳と道徳教育 ──────────── 18

第1節　道徳とは何か──倫理・習俗・法・宗教・道徳　18
　1　「道徳とは何か」という問い　18　　2　倫理　18　　3　習俗　19　　4　法　20
　5　宗教　21　　6　道徳　22

第2節　代表的な道徳説──功利主義・義務論　22
　1　2つの道徳説　22　　2　目的論　23　　3　義務論　27

第3節　道徳教育とは何か　28
　1　「道徳教育とは何か」という問い　28　　2　道徳は教えられるか　29　　3　道徳教育の必要性　30　　4　道徳教育の限界　32

第3章　道徳教育の歴史 ──────────── 34

第1節　科目「修身」の時代　34
　1　「学制」の制定　34　　2　「教学聖旨」と「教育令」の改正　36　　3　森有礼の学校令の公布と教科書検定制度　37　　4　「教育ニ関スル勅語」（「教育勅語」）の渙発と教科書国定制度　38　　5　大正新教育運動　40　　6　皇国民の錬成と国民学校令　41

第2節　「社会科」による「よき市民育成」の時代　41
　1　占領軍による教育指令とアメリカ教育使節団　41　　2　新教育指針と教育刷新委員会　42　　3　「教育勅語等排除・失効確認決議」　43　　4　「学習指導要領　一般編（試案）」　43　　5　「修身科」復活論議　44

第3節　特設「道徳の時間」から「特別の教科　道徳」へ　45
　　1　「道徳の時間」の特設　45　　2　道徳教育の充実策　45　　3　「期待される人間像」　46　　4　いじめ・登校拒否・校内暴力　46　　5　「生きる力」と「心のノート」　47　　6　教育基本法の改正と「特別の教科　道徳」　47

第4章　道徳性の発達　49
第1節　道徳に関する判断・思考　49
第2節　コールバーグ　50
　　1　ハインツのジレンマ　50　　2　道徳発達の6段階　51　　3　第一、第二段階　52　　4　第三、第四段階　53　　5　第五、第六段階　54　　6　コールバーグ理論が示唆すること　55
第3節　テュリエル　56
　　1　テュリエルの問い　56　　2　3つの領域　57
第4節　道徳教育への示唆（1）　59
第5節　ギリガン　61
第6節　道徳教育への示唆（2）　63

第5章　道徳教育の方法論的基礎　65
第1節　道徳的価値の内面化　65
　　1　日本の道徳における道徳的諸価値　65　　2　品性教育　66　　3　ラスやハーミンなどによる「価値の明確化」理論　67
第2節　自主的な価値選択と行為の能力の発達　69
　　1　価値選択と判断　69　　2　行為の能力　70
第3節　道徳的葛藤・判断の段階的発達　75
　　1　ピアジェ　75　　2　ブル　75　　3　コールバーグ　76

II　実践編——道徳の指導法

第1章　学校教育における道徳教育　82
第1節　教育課程における道徳教育の位置づけとその目標　82
　　1　教育課程における道徳の位置づけ　82　　2　道徳教育の目標　83
第2節　道徳の内容とその指導の変遷　89
　　1　「道徳」の内容の変遷　89　　2　道徳の内容とその指導　90　　3　道徳科の内容の取扱い　91

第3節　学校内外の教育活動全体で行われる道徳教育　93
　1　教科教育と道徳教育　93　　2　人権教育（含・いじめ）と道徳教育　94　　3　情報モラル教育と道徳教育　95　　4　道徳教育における家庭・学校・地域社会　96

第2章　学習指導要領「特別の教科　道徳」──98

第1節　「特別の教科　道徳」（道徳科）設置の経緯と理由　98
　1　教科化の流れ──特設「道徳の時間」から「特別の教科　道徳」へ　98　　2　「一部改正」の主たる理由　99

第2節　「特別の教科　道徳」（道徳科）の要点整理　101
　1　「学習指導要領」における道徳科の位置と構成　101　　2　道徳科の「目標」　103　　3　道徳科の内容項目　106　　4　道徳科の「指導」と「評価」　109　　5　「特別の教科」とは何か　111

第3節　教科化に関わる論点、問題性　111

第3章　道徳教育の学習指導案──113

第1節　授業における学習指導案の位置づけ　113
　1　授業とは何か　113　　2　授業に関わる活動　114　　3　学習指導案とは何か　115

第2節　道徳科学習指導案作成の手順　117
　1　学習指導案の内容　117　　2　学習指導案作成の手順　123　　3　作成上の創意工夫　123

第4章　授業の実践例──125

　1　小学校第1学年道徳学習指導案　125
　2　小学校第6学年道徳学習指導案　131
　3　モラルジレンマ授業　134
　4　中学校第2学年道徳学習指導案──多様な性とカミングアウト　137
　5　中学校第3学年道徳学習指導案──オリンピック・パラリンピック教育と心のバリアフリー　141
　6　高等学校第1学年道徳学習指導案　145

資　料　153
索　引　167

I

理論編

道徳教育の現代的課題

　「道徳教育の現代的課題」とは何か。道徳と道徳教育については第2章で詳細に述べられるので、ここでは、現在、人々が道徳教育に関わると考えている問題としよう。つまり、「この問題は道徳教育の課題でもある」と社会的に認知されている事象のことである。例えば、「いじめ」は嫌がらせやハラスメントといわれるように、職場や地域社会など大人の社会でも起こっているが、一般に「いじめ」といえば学校教育における子どもの問題であり、道徳教育が取り組むべき課題と考えられている。

　現在、社会で起こっている問題の中には、貧困や格差、差別、暴力、地球環境問題、科学技術と生命倫理など、道徳教育の課題と考えられるものが多数存在する。そこで、本章では「子ども」「家庭・家族」「現代社会」の3つの視点から、いくつかの道徳教育の現代的課題を取り上げ、考えてみたい。

第1節　子どもとの関わりから考える

1　いじめ

　「24時間子供SOSダイヤル」（0120-0-78310）を知っているだろうか。このダイヤルは、2007年に文部科学省（以下、文科省）が開設した「24時間いじめ相談ダイヤル」をさらに拡充した全国統一の電話相談ダイヤルである。ちなみに、文科省のホームページサイト内でキーワード「いじめ」で検索をかけると、1万859件ヒットする（2017年2月15日アクセス）。例えば、「『ネット上のいじめ』から子どもを守るために」「いじめの問題に関する総合的な取り組みについて（抄）」「いじめ緊急支援総合事業」など、様々な項目が上がっ

てくる。このようなことからも、現在、いじめが学校教育で取り組まなければならない重要課題とされていることがわかる。

　いじめについては、2013年、「いじめ防止対策推進法」（以下、いじめ防止法）が公布され、「いじめが、いじめを受けた児童等の教育を受ける権利を著しく侵害し、その心身の健全な成長及び人格の形成に重大な影響を与えるのみならず、その生命又は身体に重大な危険を生じさせるおそれがあるものである」（第1条）として、人権侵害であることを明示している。文科省によるいじめの定義は、「児童生徒に対して、当該児童生徒が在籍する学校に在籍している等当該児童生徒と一定の人的関係にある他の児童生徒が行う心理的又は物理的な影響を与える行為（インターネットを通じて行われるものを含む。）であって、当該行為の対象となった児童生徒が心身の苦痛を感じているもの」であり、起こった場所は学校の内外を問わない。

　「いじめ防止法」制定の契機となったのは、2011年10月、滋賀県大津市で起きた中学校2年生の男子生徒のいじめ自殺事件であった。このようないじめによる児童生徒の自殺は、実は、かなり前から起こっていた事象である。いじめは1920年代後半から新聞等で報道されており、「中野富士見中学いじめ自殺事件」（1986年）や「愛知県西尾市中2いじめ自殺事件」（1994年）などのように、亡くなった児童生徒の遺書が残されている事件もある。特に1980年代後半からはいじめ自殺事件が起こるたびに、いじめが学校教育の課題として取り上げられ、その対応策として道徳教育の充実化が叫ばれてもいる。「いじめ防止法」においても、学校が取り組むべき対策として「早期発見のための措置」や「相談体制の整備」等が掲げられているが、対策の最上位に挙げられているのはやはり「道徳教育の充実」である。

　しかしながら、2015年度の文科省のまとめによると、小・中・高等学校および特別支援学校におけるいじめの認知件数は22万5132件と前年度より3万7060件増加しており、児童生徒1000人あたりの認知件数も16.5件（前年度13.7件）である。つまり、いじめは一定程度、継続的に起こっている。

　また、いじめの発見のきっかけは「アンケート調査など学校の取り組み」が51.5％と最も多く、「本人からの訴え」は17.2％、「学級担任が発見」は

11.8％であり、教師が発見できるいじめは少ないことがわかる。しかし同時に、学校はいじめの発見や防止のために、「職員会議等で教員間の共通理解を図る」「校内研修」「スクールカウンセラー等による教育相談」「児童・生徒会活動を通じた仲間づくり」など、様々な取り組みを行っている。特に、「道徳や学級活動の時間における指導」は、約９割の学校が行っている（「平成27年度『児童生徒の問題行動等生徒指導上の諸問題に関する調査』〔確定値〕について」）。

このような学校の取り組みにもかかわらず、いじめがなくならないことについて、教師をめざす皆さんはどう考えるだろうか。皆さんも、道徳の時間や学級会で「いじめはいけない」「いじめられている子の気持ちを考えよう」という指導を受けた経験があるだろう。このような指導はもちろん大切であるが、そこには限界があることも理解しておく必要がある。なぜなら、いじ

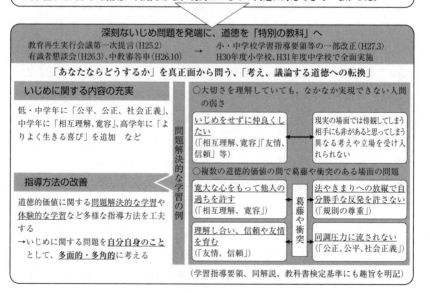

図Ⅰ-1-1　文科省「道徳の質的転換によるいじめの防止に向けて①」（2016）

めが悪いことを理解することといじめを行わないことが直結するとは限らないからである。いじめられる子の気持ちをわかっていても、いじめを止められない子もいるからである。

　ここでは、いじめの問題について道徳教育ができることのひとつとして、児童生徒が様々な視点から、「なぜいじめが起こるのか」を自分の問題として議論できる学級環境づくりを挙げておきたい。現在、文科省が進めている「道徳の質的転換によるいじめの防止に向けて」（図Ⅰ-1-1参照）によると、特別の教科道徳では、「『あなたならどうするか』を真正面から問う、『考え、議論する道徳への転換』」がめざされている。そこでは「いじめに関する問題を自分自身のこととして、多面的・多角的に考える」指導法が求められている。

　小学校〜高等学校でのいじめ体験は、その後の当事者（被害者・加害者）の心身の健康度や抑うつ傾向に影響するだけでなく、いじめの傍観経験者にも対人恐怖傾向や自尊感情の低下などの影響があるという。したがって、いじめは、学校教育、とりわけ道徳教育が継続的に取り組まなければならない重要な課題であることに変わりはない。

2　情報社会（SNS）

　前項で「いじめ」についてふれたが、いじめの方法としてSNS（Social Networking Service）が用いられることもある。SNSとは「登録した利用者だけが参加できるインターネットのWebサイトのこと」（総務省「国民のための情報セキュリティサイト」用語集）である。近年、無料通信アプリのグループトーク機能を使ったいじめが全国的に問題となっている。このアプリによるいじめは、メンバーでなければ会話の内容を読むことができないため、その発見が遅れるという。

　いうまでもなく、SNSは適切に使用すれば便利なツールであるが、場合によっては、児童生徒が事件や事故に巻き込まれることもある。例えば、「親しい人たちとシェアしようと思って、SNSに写真を投稿した結果、下校時に後をつけられるようになった」など、コミュニティサイトに起因する児童

被害は1745件（警察庁、2016年）に上る。文科省は、学習指導要領で道徳教育の課題として情報モラル教育を掲げている。その背景には、直接的な会話が少ないSNSによる児童生徒間の人間関係の変化や、親・教師―児童生徒間のSNSに関する情報の格差／認識の差異などがある。

　しかしながら、SNSの問題は中学・高等学校だけに起こっているわけではなく、大学も含め社会的な問題となっている。SNSの問題に対応するために、例えば立命館大学では、以下の「SNS利用にあたって知ってもらいたい5つのこと」をホームページ上で公開している。

① SNS上の情報は、必ずしも正しいものばかりではない
② SNS上においても、社会的ルールを守らなければならない
③ SNS上の情報は、世界中に広まるものである
④ SNSでは匿名であったとしても、責任が伴う発言として取り扱われる
⑤ SNS上での不用意な発言は、家族や友人にまで被害がおよぶことがある（http://www.ritsumei.ac.jp/rs/sns/）

　ここで求められていることは、正しい情報を見抜く／選択できる能力、社会生活上の規範・ルール、発言に伴う責任性の3点である。これらは、家庭や学校を通して子どもが身につける規範意識であるが、皆さんは「自分は大丈夫」といえるだろうか。

　2015年、インターネットやスマートフォン（スマホ）など主なソーシャルメディアの利用率は、10代で81.3％に上っている（総務省「平成27年情報通信メディアの利用時間と情報行動に関する調査」）。今後、SNSが児童生徒の生活必需品として拡大していくことを考えると、情報モラル教育は道徳教育の現代的課題として、ますます重要になってくる。しかし、ここで注意しなければならないのは、規範意識の形成だけでSNSの問題に対処することには限界があるということである。教師には、①デジタル機器の利用に関する現状と児童生徒の機器の使い方の情報を得て、②子どもの発達段階に応じた、安全なインターネット環境について理解しておくことが求められる。

　一方、SNSについては別の観点から教育への影響が指摘されている。2017年2月、日本医師会と日本小児科医会は、過度のスマホ使用を警告す

るためのポスター「スマホの時間　わたしは何を失うか」を作製し、全国の診療所で掲示すると発表した（図Ⅰ-1-2参照）。そこでは、長時間のスマホ使用による体力・視力・学力の低下、脳の発達の遅れなどが指摘されている。厚生労働省の調査（2013年）でも、スマホやパソコンに夢中になる「インターネット依存症」（ネット依存）の中高生は、全国で推計51万8000人いることが明らかになった。調査では、ネット依存は、睡眠不足や体力低下など、発達段階にある子どもの心身の健康に悪影響を与えることが指摘された。

図Ⅰ-1-2　公益社団法人日本医師会　公益社団法人日本小児科医会

SNSの使用と社会生活・人間関係に関わる調査研究（総務省情報通信政策研究所『高校生のスマートフォン・アプリ利用とネット依存傾向に関する調査報告書』2014年）によれば、ネット依存は生徒自身の性格や家庭環境、家庭や学校での人間関係により誘発されることから、ただ単に子どもにネット使用の制限をかけてもあまり効果はないという。ネット依存の予防には、むしろ、スマホやネットを「上手に使う」という観点からの啓発や、子どもの自己管理を促すことが必要だとされる。

つまり、家族や友人との人間関係の希薄さ、現実生活への不満がネット依存の一因であることを踏まえると、児童生徒には日常生活上の人間関係の充実、自己肯定感の形成を促すことが重要なのである。とすれば、SNSについて、今後の道徳教育に求められるのは規範意識の形成に加え、児童生徒の自己肯定感を高め、他者との関係を作っていく力の育成であろう。

子どもの頃からスマホやインターネットにふれながら育ってきた皆さんは、自分が児童生徒だった頃SNSでどのような経験をしたか、一度振り返ってみてほしい。その経験を活かしつつ、同時に、急速に進化し続ける高度情報社会の中で、教師をめざす皆さんには、道徳教育・情報モラル教育を担える力量が必要になるだろう。

第2節　家庭や家族との関わりから考える

1　科学技術と生命倫理（出生前診断）

人間の知的機能・活動（記憶・推察・学習・判断など）をコンピューターが代行する人工知能 AI（Artificial Intelligence）や、危険な作業の代替えや高齢者の介護を担うロボットなど、科学技術の発展は人間の生活環境を大きく変化させている。ここでは、道徳教育の現代的課題である生命倫理との関わりから、飛躍的に進歩している不妊治療や代理出産など、生殖技術／生殖（補助）医療のひとつとして「出生前診断」を取り上げる。

「新出生前診断、3万人超す　染色体異常の9割中絶」。これは、2016年7

月19日の日経新聞電子版（2017年3月7日アクセス）に掲載された記事の見出しである。記事によれば、胎児にダウン症や心臓疾患などを伴う染色体異常があるとわかった人の94％が人工妊娠中絶を選択したという。

　出生前診断とは、出生前に行われる遺伝学的検査および診断のことである。一般に、生まれてくる子どもに先天性の病気があるかどうかを調べるために行われる。2013年には、妊娠初期に血液検査で染色体異常を調べることができる検査＝新出生前診断が始まり、検査が受けやすいことや診断の精度が高まったことで利用者の拡大につながっている。

　一方で、出生前診断については、「いのちの選別」につながるという指摘がある。例えば、出生前診断の結果による選択的妊娠中絶は障害者の生存権拒否である、という批判である。前述の記事からもわかるように、胎児に染色体異常があった場合、多くの人が中絶を選択している。中絶を選択した理由は、「障害児は生みたくない」「障害を持って生まれた子はかわいそう」「障害児は育てられない」など様々であろう。その背景には、「自分の子どもは障害児であってほしくない」という思いや障害児（者）への偏見、障害児を育てにくい環境や障害児への支援の少なさなど、いくつかの社会的・制度的要因があると思われる。

　また、染色体異常のある子どもを産むか産まないかを決めることは、胎児を抱えている女性（母親）だけの問題ではない。男性（父親）を含め、子どもに関わる家族や社会の問題でもある。直接的には、選択的中絶は女性（母親）の身体に起こることだが、いのちの始まり（受精・妊娠）やその継続（出産・育児）といった観点から見れば、男女（父親・母親）／家族と切り離すことはできない。

　道徳教育では、「いのちの大切さ」「家族のつながり」といった内容を扱う。出生前診断がもたらす「いのちの選別」「人のいのちはいつから始まるか」という問題は、近年の学校教育の指針である「生きる力」と根源的に関わる課題でもある。なぜなら、児童生徒にとって、「自分は生まれてきてよかった」と思えることは、「生きる力」や自己肯定感の土台となるからである。

　日本産婦人科学会は、出生前診断には「胎児の生命にかかわる社会的およ

び倫理的に留意すべき多くの課題が含まれており、遺伝子の変化に基づく疾患・病態や遺伝型を人の多様性として理解し、その多様性と独自性を尊重する姿勢で臨むことが重要」（日本産科婦人科学会「出生前に行われる遺伝学的検査および診断に関する見解」2013年6月22日）である、と倫理に関する見解を明示している。

現在、日本で生殖補助医療によって生まれる子どもは約2万人であり、1年間に生まれる子どもの約2%にあたるという。生殖技術の進展は、パートナー以外の精子や卵子との受精、代理出産を可能にした。出生前診断も、当初は、胎児の病気の早期発見とその治療のために研究・開発された生殖技術であった。しかし、前述したように、その技術が進展することにより「いのちの選別」という新たな問題が起こったのである。生殖技術は今まで不可能だったことを可能にしたが、一方で、私たちは生殖＝いのちに関わる新たな選択を迫られることにもなった。生命倫理の問題は、児童生徒はもとより教師自身の人間観、死生観とも深く関わる課題であり、明確な答えがあるわけではない。皆さんには、道徳教育の現場に立つことを視野に入れ、これからも考え続けてほしい。

2　子どもの貧困

「子ども食堂」を知っているだろうか。子ども食堂は、2011年夏、毎日の夕食を500円以内のコンビニ弁当で済ませていたT君との出会いから始まったという。母子家庭で育った中学3年生のT君は、家族で食事を食べる習慣がなく、高等学校へ行きたいという気持ちを母親に伝えることもできず、学力も十分ではなかったそうだ。そのT君の高等学校受験合格をめざして、地域の人々が学習支援と夕食の提供を始めたことが子ども食堂につながった（詳細は、http://toshimawakuwaku.com/tkun/）。

その後、子ども食堂は全国各地に広がり、経済的に厳しい家庭やひとり親家庭など食事がとれない子どもたちに無料や低価格で食事を提供し、子どもの栄養補給と孤食の防止を担っている。T君の事例は経済的困窮、孤食と栄養の偏り、低い学力など近年の子どもの貧困を示す典型例である。

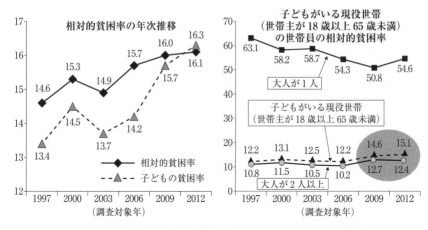

図Ⅰ-1-3　相対的貧困率　阿部彩「貧困統計ホームページ」(2015)

　子どもの貧困率は1990年代半ばから上昇傾向にあり、2012年には16.3％となっている。また、子どもがいる現役世帯の相対的貧困率は15.1％であるから、この差は大人１人で子どもを養育している家庭（ひとり親世帯）の相対的貧困率（54.6％）が高いことによる（図Ⅰ-1-3参照）。相対的貧困率とは、所得中央値の半分（いわゆる「貧困線」）を下回る所得しか得ていない者の割合であり、2013年度国民生活基礎調査の貧困線は122万円であった。

　周知のように、子どもの貧困は子どもの成長発達に大きく影響する。例えば、厚生労働省が行った乳幼児の栄養調査では、経済的な暮らし向きが「ゆとりあり」世帯では魚、野菜、果物を摂取する頻度が高くなるが、「ゆとりなし」世帯では菓子（菓子パン含む）、インスタントラーメン・カップ麺の摂取頻度が高くなっている（『厚生労働省平成27年度乳幼児栄養調査』2016年）。経済的困窮が子どもの栄養摂取の偏りにつながっており、貧困状態にある子どもが十分に、バランスのとれた食事をとっていないことがわかる。

　また、子どもの貧困の学力への影響も見過ごせない。子どもの貧困が進んだことにより、2012年には、経済的理由により就学困難と認められ就学援助を受けている小・中学生は約155万人、就学援助率は過去最高の15.64％となっている（内閣府『平成27年版子供・若者白書』）。就学援助とは、学校教育

法に定められた児童生徒の就学を支援する制度であり、生活保護を受けている保護者（要保護者）とそれに準じる程度に困窮している保護者（準要保護者）に対して行われる就学の支援制度である。就学支援を受けている家庭では、部活動の費用や修学旅行費などの支払いも難しく、塾に通わせる余裕もないため、全体で5割を超える大学進学率が15.6％（2013年）と低い。このような家庭の保護者の学歴別子どもの貧困率は、小・中学校卒の父親で33.1％（高卒14.0％、大卒6.3％）、母親で42.8％（高卒20.3％、大卒7.3％）であり、学歴が貧困の世代間連鎖のひとつの要因であることがわかる（阿部彩「貧困率の長期的動向：国民生活基礎調査1985～2012を用いて」貧困統計ホームページ、2015年）。

　さらに、ユニセフの子どもの貧困格差についての報告書によると、日本における子どもの貧困が悪化していることがわかる。この報告書は、最貧困層の子どもたちが、標準的な子どもたちに比べてどれほど厳しい状況に置かれているか、を明らかにしている。例えば、所得に関しては、日本の「所得階層下位の10％目の子どもの世帯所得は、中位の子どもの世帯所得の4割に満たない」とされ、「この差の大きさは、先進諸国41カ国中では下から（大きいほうから数えて）8番目であり、日本は底辺の子どもの格差が大きい国の一つ」であり、最貧困層の子どもの状況は非常に厳しいという（阿部彩「解説日本の子どもの格差の状況」ユニセフ『イノチェンティレポートカード13子どもたちのための公平性：先進諸国における子どもたちの幸福度の格差に関する順位表』2016年）。

　2013年、「子どもの貧困対策の推進に関する法律」が公布され、国や地方公共団体により総合的に子どもの貧困対策が推進されることになった。子どもの6人に1人が貧困状態にあるということは、クラスに少なくとも5人は貧困の子どもがいることになる。道徳教育では貧困や差別の問題を取り扱う。教師をめざす皆さんには、子どもの貧困がもたらす児童生徒の学習／生活環境についての正しい知識と情報を得ること、貧困状態にある子どもへの理解と支援、指導を考えることが必要である。

第3節　現代社会との関わりから考える

1　多様性（性の多様性）

　多様性（ダイバーシティ・diversity）とは、人種、宗教、性別、ジェンダー、年齢、障害、価値観など、人間（の世界）には、性質の異なるものが幅広く存在することを指す。学校教育では、児童生徒それぞれの違いを尊重し、受け入れていくという意味で「多様性の尊重」として用いられることが多い。具体的には、障害の有無や日本語を母語としない児童生徒などを理解し、配慮・支援していく教育活動などである。ここでは、道徳教育の視点から多様性を考えるにあたり、性別、ジェンダーとともに、セクシュアル・マイノリティ（Sexual Minority、以下、SM）について取り上げていく。

　2017年、「『体は男性、心は女性』入学可能に？日本女子大検討へ」という新聞記事が話題になった（朝日新聞3月19日）。記事によると、日本女子大では、「男性の体で生まれたが、女性として生きるトランスジェンダーの学生を受け入れるかどうかの検討を新年度から始める」という。近年、学校教育現場では、トランスジェンダーを含めSMの児童生徒への対応を求められるようになった。2015年には、文科省が「性同一性障害に係る児童生徒に対するきめ細かな対応の実施等について」を全国の学校に通知しており、2016年には、教職員向けに対応のためのリーフレットを発行している。

　皆さんの中には、トランスジェンダー（transgender）または性同一性障害（Gender Identity Disorder）という言葉を知っている人もいるだろう。一般に、社会的・文化的性別といわれるジェンダーは、現在、①生物学的性別（sex）、②性自認（自分が認識している性・gender identity）、③社会的な性役割（gender role）・性表現（gender pattern）、④セクシュアリティ（sexuality）を含む幅広い概念と考えられている。前述したトランスジェンダーは生物学的性別と性自認が異なっている人であり、両者が一致している人はシスジェンダー（cisgender）という。性同一性障害は医師の診断が必要な医学的疾患名である。なお、

セクシュアリティとは、人間の性に関わる現象の総体——性行動における心理と欲望、観念と意識、性的指向、慣習と規範など——を指す。

ところで、SM＝LGBT（Lesbian, Gay, Bisexual, Transgender）と捉える人も多いのではないだろうか。実は、人の性のありようはLGBTを含め様々である。国際的には、性的存在としての人は、人の恋愛・性愛がどういう対象に向かうのかを示す概念である「性的指向」（Sexual Orientation、以下、SO）と「性自認」（Gender Identity、以下、GI）という枠組みで捉えられている。例えば、国連人権理事会が「性的指向と性自認を理由とする暴力と差別からの保護」（2016年）に関する決議を可決するなどである。

前述したトランスジェンダーについての捉え方は、GIの枠組みによる見方である。SOの枠組みでは、人は恋愛・性愛の対象が異性に向かう異性愛（ヘテロセクシュアル・heterosexual）、同性に向かう同性愛（ホモセクシュアル・homosexual）、同性にも異性にも向かう／相手の性別にこだわらない両性愛（バイセクシュアル）、性愛の対象を持たない／性的欲求そのものがない（アセクシュアル・Asexual）などとなる。なお、WHOは、ヘテロセクシュアル以外のSOを疾患とみなしていない。このように、SOGIという枠組みを採用することで、すべての人々の性のありようを包括的に捉えることが可能になる。

これまで、学校教育におけるSMの問題は、見えない／存在しないものとされてきた。しかしながら、2015年の調査によると、LGBTは13人に1人の割合で存在する（電通ダイバーシティラボ「LGBT調査」）。つまり、1クラス35人の児童生徒数であれば、2～3人がSMであることになる。SMは、本人の心構えや保護者の育て方で変えられるものではなく、人間の（性の）多様性の範囲である。

にもかかわらず、実際の学校現場では、誤った知識・情報に基づく差別や偏見が是正されていない。SMの児童生徒は、「ホモ」「オカマ」「レズ」など言葉による暴力・いじめの対象になることが多く、不登校や自傷行為、自殺願望の高さなどが深刻な問題となっている。教師をめざす皆さんは、道徳教育の視点からはもちろん、次項で述べる人権の視点からもSMについての正しい知識と情報、対応について考えてほしい。

2　人権（子どもの権利）

　ここでは、道徳教育の要となる人権／子どもの人権について考えたい。人権とは「人が生まれながらに持っている必要不可欠な様々な権利」であり、「人々が生存と自由を確保し、それぞれの幸福を追求する権利」（人権擁護推進審議会答申、1999年）である。人権は人間が幸せに生きるための権利で、人種や民族、性別などを超えてすべての人々に共通の、誰にでも認められた基本的な権利である。人権の内容には、生命や身体の自由の保障、法の下の平等、思想や言論の自由、教育を受ける権利などが挙げられる。

　人権は、西欧社会の近代化の中で培われてきた考え方である。とりわけ、第二次世界大戦後、その反省から人権の重要性の国際的な高まりとともに、1948年には国際連合において世界人権宣言が採択されている。この宣言では、すべての人間が人間として尊重され、自由であり、平等であり、差別されてはならないことが定められており、以後、この考え方は国際社会の基本的ルールとなっている。

　一方、子どもの権利という考えは、1924年、国際連盟による最初の人権宣言として採択された「子どもの権利に関するジュネーブ宣言」に始まる。この宣言は、第一次世界大戦で多くの子どもが殺されたという反省に基づき、「人類は子どもに対して最善のものを与える義務を負う」と明記した。そこには、子どもを人類の存続をかけた将来の社会の担い手として捉え、国境を越えて子どもの生存と発達の確保がなされなければならないという人々の思いが反映されていた。

　しかしながら、子どもの権利を人権として把握する発想はまだなかった。また、前述した世界人権宣言においても、依然として、子どもを人権の主体とするという考え方は見られなかった。その後、世界人権宣言にジュネーブ宣言の精神を生かすという目的で「子どもの権利宣言」（1959年）が定められ、この頃、宣言ではなく実効性のある条約が必要であると考えられ始めた。

　20年後の1979年は、国連による国際児童年であった。これを機会に、世界の人々が子どもの権利について考えることとなり、国連人権委員会の中に

「子どもの権利条約」策定のための作業部会が設置された。このようにして、子どもをしつけや教えの対象として捉えるのではなく、大人と子どもが共存し、学び合い、成長し合う「大切なパートナー」（対等な関係）として捉えるという、新しい子ども観が生まれた。

　1989年11月20日、子どもの基本的人権を国際的に保障するために定められた「子どもの権利に関する条約」（54条項、以下、「子どもの権利条約」）が国連で採択され、5年後の1994年、日本は158番目に同条約を批准した。2017年3月には、世界196の国と地域がこの条約を締結している。

　子どもの権利条約の特徴は、以下の2点である。

①　人権の主体として「子ども」を捉えること。すなわち、子どもは、大人から管理される対象ではなく、独立した人格を持つ権利の主体であり、大人と同じ人間としての価値を持つ存在である。

②　発達する存在として「子ども」を捉えること。すなわち、子どもは、心身の発達過程にあることから保護される存在であり、親や大人により支援と援助が必要な存在である。

　子どもの権利条約では、18歳未満の者を子どもと定義しているため、日本の学校制度においては、幼児児童生徒すべてが対象となる。また、この条約の趣旨は「子どもの最善の利益」を尊重することである。この趣旨に沿って、条約は次の4つのカテゴリーで構成されている。

①　生きる権利。予防できる病気などで命を失わない（奪われない）という権利や、病気やけがをしたら治療を受けられるという権利。

②　育つ（発達する）権利。教育を受け、休んだり遊んだりできるという権利や、考えや信じることの自由が守られ、自分らしく育つことができるという権利。

③　守られる（保護される）権利。あらゆる種類の虐待や搾取などから守られるという権利や、障害のある子どもや少数民族の子どもなどは特別に守られるという権利。

④　参加する権利。自由に意見を表したり、集まってグループを作ったり、自由な活動を行ったりできるという権利。

この条約採択後、「子どもの売買、子ども買春および子どもポルノグラフィーに関する子どもの権利条約の選択議定書」「武力紛争への子どもの関与に関する子どもの権利条約の選択議定書」「通報制度に関する選択議定書」の3つの選択議定書が策定されている。

さらに、条約締結国の取り組みについて審査する監視機関として、子どもの権利委員会が国連に設置され、1991年から活動を開始している。日本政府は、国内の取り組みに関する報告書を子どもの権利委員会に提出し、女子やマイノリティへの差別禁止と人権教育の推進、子どもの意見の尊重、体罰禁止、過度に競争的な学校環境の改善等の勧告（第1回1998年、第2回2004年、第3回2010年）を受けている。

日本では、子どもの権利条約の理念に基づいた子どもに関する条例等を制定している自治体もある。例えば、「子どもの権利に関する条例」としては川崎市（2000年）、札幌市（2008年）、石巻市（2009年）、青森市（2012年）など、「子ども条例」としては滋賀県（2006年）、大阪府（2007年）、三重県（2011年）などである。

人権／子どもの人権の視点を持つこと、高度な人権感覚を身につけることは、道徳教育を担う教師にとって必須の課題である。なぜなら、学校教育の領域では従来から、学習指導要領の「道徳」において差別や偏見の排除、公正・公平、法やきまりの遵守、自他の権利の尊重が指導内容として示され、道徳教育が人権教育の一端を担ってきたからである。また、教師の人権感覚／意識は日常の学校生活・教育活動の中で、無意識・無意図的に児童生徒に伝わり、その言動に影響するからである。

参考文献
阿部彩『子どもの貧困――日本の不公平を考える』岩波新書、2008年
小林亜津子『生殖医療はヒトを幸せにするのか――生命倫理から考える』光文社新書、2014年
原ミナ汰・土肥いつき編著『にじ色の本棚』三一書房、2016年

道徳と道徳教育

第1節　道徳とは何か──倫理・習俗・法・宗教・道徳

1　「道徳とは何か」という問い

　「道徳とは何か」、端的にいえば、人の行為を制限する規範である。ただし、人の行為を制限する規範は道徳だけではない。倫理・習俗・法・宗教などがある。通常、道徳を含むどれもが、規範として私たちの行為に影響する。
　「道徳とは何か」は、同様に規範を意味する他の言葉とその諸概念との違いからわかるだろう。つまり、道徳という言葉に似た言葉の持つ意味との差異をはっきりさせればわかるだろう。ひとまず、言葉の整理をしていこう。

2　倫　　理

　一般的に、私たちは道徳と倫理をほぼ同じ意味において使っている。もちろん、それを区別して説明する立場もある。例えば、道徳は主観的な価値観であり、倫理は客観的な価値観である、といった区別をする場合がある。あるいは倫理や倫理学を西洋由来の言葉、道徳を東洋（中国）由来の言葉として区別する場合もある。ここでは、ほぼ同じ意味であるとし、整理のために、若干の区別をしておこう。
　「人はひとりでは生きていけない」とか「社会的動物」という表現がある。同様の表現は沢山ある。いずれも、人間は他の人と関わって生活している、との意味である。もちろん、他の人との関わりには、様々なレベルがある。例えば、家族、親族、村落、都市、クラス、職場集団、遊び仲間といった集

団における関わりがある。また、企業、官庁、学校、病院、宗教団体といったシステムにおける関わりもある。

どういった関わりであっても、人が集まって生活するには、どうしても「秩序」が必要になる。家族だったら、ある程度は子どもが親のいうことを聞いてくれないといけないし、学校だったら、教師の話を児童生徒が聞いてくれないと成り立たない。ある時間に人が集まらなければ会社は機能しないだろうし、ルールが全く守られない社会には、怖くて参画できない。

ところが、人は十人十色である。人が十人集まれば、十人分の個性がある。価値観も違えば、趣味嗜好も違う。十人が目の前にいて、そこに「秩序」を持たせようとすると、容易ではない。

こういった集団や社会の「秩序」を「倫理」という。「倫」という字は元来「仲間」を意味する。したがって、「倫理」とは、その大小を問わず、「なかま」に「秩序」をもたらすところに目的を持つ。いわば「なかま」の「道理」が「倫理」である。

3　習　　俗

倫理や倫理学という言葉を、英語では ethics と表記する。これはギリシア語の etos を語源とする。その意味は「慣習・風俗」である。また道徳を英語では morality と表記する。語源はラテン語の mos である。これも「慣習・風俗」の意味である。この「慣習・風俗」を習俗という。

私たちの知る道徳の最初の段階は習俗である。社会の最初の段階における部族社会の習俗が、道徳の母胎であった。習俗は部族社会の行動規範として、その秩序を保つ役割を果たしていた。習俗には、法・宗教・道徳が含まれていた。分化せずに渾然一体としていた。暗黙的な行動様式である。

このような段階では、衣食住に関する事柄、仲間との関わり方、あるいは神との関わり方が、それぞれの部族社会において、習俗として決まっていた。いわば、無自覚的に決定していた。

習俗は、社会の発展に伴い、法、宗教、そして道徳へと発展する。ただし、それは習俗の消滅を意味するのではない。どれほど社会が発展しようとも伝

承として残っている。例えば、衣食住、冠婚葬祭、さらには、年中行事や祭りとして残っている。

　習俗が一方で道徳へ、他方で法へと発展していくと、やや難しい状況が生じる。すなわち、伝承的に行っている事柄と道徳的な評価あるいは法的な評価との矛盾対立が出てくる。例えば、祭りとして伝承的に行っている行為が、法的に違反しているとか、道徳的に反している、といった事態である。我々の社会では、そういった事態を、寛容に認めつつ、秩序を保っている場合もある。

4　法

　法とは何か。法は直接的に人に関わる規範である。典型的には、国家権力が定型的な強制を持ってその実効性を保障している。ここでいう「強制」とは、法に違反した者にある種の「制裁」を科す、という意味である。例えば、民事・行政上でいえば、差し押さえとか、強制的な競売とか、である。また、刑罰、損害賠償、懲戒などの制裁もある。こういった強制へと至る諸手続きが規則的に限定している。つまり「定型的」である。

　この「制裁」という点に法と道徳の違いがある。

　例えば、電車の座席に座っている時、目の前にお年寄りがいたのにもかかわらず、寝たふりをして席を譲らなかった。この場合、道徳に反しているとして、後で後悔をするかもしれない。それでも、法的に制裁を受けはしない。あるいは、お店にあるほしい服を「盗みたい」と思ったとしても、それだけでは法的には制裁を加えられない。

　逆に、高熱を出した子どもを、早く病院に連れて行こうとして、制限速度を大幅にオーバーして走った場合はどうだろう。道徳的な思いからの行為であっても、それは法的な制裁の対象となる。

　つまり、法に反していなくとも、道徳には反している行為はある。逆に、道徳に反していなくとも、法に反している行為もある。法の特徴は外面的という点である。対して、道徳の特徴は内面的である。

5　宗　　教

　社会が進歩し、洗練されてくると、習俗がそれぞれの特性に応じて、分化してくる。そのひとつに宗教がある。倫理の目的である「秩序」をもたらす効果は高い。なぜなら、自らの信ずる神の命令だからである。
　宗教は道徳的な内容も法的な内容も含んでいる。「人間はこう生きるべきだ」とか「人はこう生活すべきだ」とか、生き方に対する指針を与える。また、「盗んではいけない」「壊してはいけない」「殺してはいけない」といった道徳律もある。宗教にはルールとして戒律がある。それを破った場合、相応の罰がある。そのための裁判所も存在する。
　宗教がこのような状態に至ったのは、歴史的には、大きく3つの段階があった。
　①　神話的な段階。この段階では、人々は、不可思議な出来事、例えば日照りとか、嵐とか、地震とか……、これらを神の怒りと捉え、それを鎮めようとした。形式的な外面的行為として儀式を実施した。
　②　次第に不可思議な出来事の原因が明らかになってくる。いわば知的になってくる。その結果、形式的、外面的行為は減少してくる。
　③　さらに洗練されてくると、神が観念となり、理想像のようになってくる。倫理的な段階となる。宗教が内面化されていく。つまり、宗教において内面的・道徳的な要素が強くなっていく。
　つまり、宗教は神話的な段階から、道徳的な段階へと進む。ただし、これはあくまでも一般的な宗教の発展段階の傾向である。
　宗教は道徳そのものではないし、法そのものでもない。宗教の教えの中には、道徳的でない事柄もあるし、法的でない事柄もある。
　こういった宗教の内容は「教義」という形をとって、いわば合理的なシステムへとまとまる。度重なる儀式や、宗教教育によって、その集団に受け継がれていく。

6 道　　徳

　道徳の特徴は、法と比較すれば、その内面的な要素にある。いわば、精神の問題である。私たちが自身の言動について、判断をする場合、何らかの根拠に基づく。それは意識していようと、そうでなかろうと、である。法の場合には、例えば「刑法」のような外的基準がある。それに対して、道徳の場合には、道徳的価値観が基準である。

　宗教と比較しても同様である。宗教の信仰は、あくまでも内面の問題である。それを精神の問題と言い換えてもよい。ただし、言動の判断について、基づく根拠は、神および教義である。これは外的基準である。それに対して、道徳の場合には内的基準である道徳的価値観である。

　したがって、道徳と似た言葉との比較から、道徳を特徴づけるとこうなる。道徳とは、自身の言動の判断について、内的な道徳的価値観を基準とする点に特徴がある。

　注意しなければならないのは、その道徳的価値観は様々な事柄の影響を受けて形成される、という点である。例えば、前述した習俗、法、宗教等が影響するであろう。その他、知識や経験、あるいは情報の蓄積も道徳的価値観を形成していく。単に、個人の価値観のみで言動の判断をするのではない。

第2節　代表的な道徳説——功利主義・義務論

1　2つの道徳説

　私たちが、ある状況において言動の判断、意志決定をする。その際、意識的か否かを別として、道徳的価値観を基準とする。その道徳的価値観は多様である。ただし、歴史的に見れば、それらは道徳説として分類が可能である。大まかにいえば、2つの立場がある。それは「目的論」と「義務論」という道徳説の立場である。端的に違いを説明するなら、「目的論」は「……のために」、という、いわば結果を重視して道徳的な判断をする立場である。「義

務論」は「……すべき」という、動機を重視して道徳的な判断をする立場である。

　ここではこの２つの道徳説に関する代表的な人物と思想内容を紹介していこう。これは単なる教養的な知識にとどまらない。これからの道徳教育は「考える道徳」「議論する道徳」へと転換する。そのために、指導者は、考える、議論するためのモデルとなりうる道徳説を理解しておく方がよい。

　例えば、道徳教育の実践における「ジレンマ資料」を用いての「議論」とか、さらには社会状況における様々な判断のモデルとして、である。また、『学習指導要領　特別の教科　道徳』における「道徳科の内容」理解のために必要である。例えば、自律、節制、寛容、公正、よりよく生きる……といった言葉の理解のためである。

2　目　的　論

(1)　快　楽　主　義

　仕事で成功した時に、人は心理的には快の状態にある。同様に、試合に勝利した、本を書き上げた、よい音楽を聴いた、あるいは人の役に立った……等。大小は別として、快の状態にある。

　このように、快を幸福と捉えて、そこに人生の意義を見出す。快を求めて、苦を避けるところに人生の意義を見出す。この快を道徳的価値とする立場を快楽主義という。

　快楽説の創始者とされるのが、キュレネ派のアリスティッポス（前435～355）である。彼は、代表的なソフィスト（知者・職業教師）であったプロタゴラス（前485～410頃）とその対立者であった哲学者ソクラテス（前469頃～399）両者の影響を受けている。

　プロタゴラスの言葉に「人間は万物の尺度」がある。この言葉は概ねこういう意味である。あらゆる事柄に判断を下すのは個人である。したがって、その判断は個人的であり、主観的であり、相対的である。ある者はこの水を冷たいと感じ、あるものはそう感じない。それはともに真実である。アリスティッポスはこの考えを受け継ぎ、感覚に判断の基礎を置いた。つまり、そ

の時々の感覚的および肉体的な快楽以外に、私たちの判断の基準はない、とした。

　ソクラテスの言葉に「無知の知」がある。これは、プロタゴラスらのソフィストと対立し、悟った境地である。すなわち、ソフィストの知は徹底的に吟味された知ではなく、一面的で部分的である。真の知を知るためには、自らが「無知」であると知り、本当の知を愛し求めなくてはならない、とした。これは例えば、道徳科の内容における「真理の探求」と関連する言葉である。

　アリスティッポスは、そこから知識、見識を尊重すべき、と学んだ。つまり、知識、見識を快楽への手段と認め、それに基づく快楽を享受すべきとした。ただし、それに捉われないのが賢者の道である、とした。

　アリスティッポスの立場は、一方で感覚的・肉体的快楽を判断の基準とする、という単純な立場である。他方、見識によって、それに捉われないのを賢者の道とする。そこに矛盾が生じている。そのため、道徳説としては不十分である。

　快楽主義的、あるいは享楽主義的な生き方を信条とする人を「エピキュリアン」と呼ぶ場合がある。その語源となっているのが、エピクロス学派のエピクロス（前341～270）である。エピクロスの快楽主義の特徴は、感覚的・肉体的快楽ではなく、精神的快楽を重視した点にある。つまり、快楽とは、肉体において苦痛がないと同時に、精神において乱されない状態、という意味である。

　エピクロスも、キュレネ派と同様に、判断基準を感覚に置いている。道徳的価値は快・不快（苦痛）を基準とする。ただし、快のあり方がアリスティッポスとは異なる。エピクロスは快を持続的に捉えた。人間の幸福が持続的である状態を理想とした。それゆえ、快を質的に区別した。つまり、価値の高い快と低い快に区別した。価値の低い快、つまり、無知や妄想による空虚な快を退け、識見によって高い快を求めようとした。

　例えば、空腹を満たすために食べるのは快である。ただ、食べ過ぎれば、それは直ちに不快となる。美味しい食べ物を食べれば快である。ただ、人はもっと美味しい食べ物を食べたいと求め、心が乱される。

エピクロスの快楽主義の目的は「アタラクシア」にあった。「アタラクシア」とは心の平静不乱である。そのために必要なのは自制・自足である。彼は「自己充足は、あらゆる富のうちの最大のものである」という。この態度は、「隠れて生きよ」を生活信条とする、あたかも禁欲主義のような節制の生活へと至った。

　道徳科の内容における「節度」とか「節制」を理解するために必要な考えである。

　古典的な快楽主義には、それぞれに、理解できる内容がある。ただし、道徳説としては、批判検討の余地がある。例えば、感覚的な快・不快という基準は「倫理的」か。快・不快は感情のありようである。感情には「倫理的価値」はない。前述したように「倫理」とは「なかまの道理」である。秩序を目的とする。快という感情は、秩序とは無関係である。

(2)　功利主義（社会的快楽主義）

　これまで見てきた古典的な快楽主義は「個人的」であった。個人の人生哲学とか美学のようであった。道徳科の内容項目でいえば「A　主として自分自身に関すること」のモデルとなりうる事柄であった。

　日常的に、私たちは、自分にとって利益のある方を選択する。それだけでなく、できる限り皆にとって利益のある選択をしていこうとする。つまり、より多くの人に利益がある選択を善いと判断する。集団のルールを決めていく場合にも同様である。このような立場を功利主義という。

　時代が進み、私たちの現在の生活の基盤となっている近代に入ると、社会的快楽主義の思想が登場してくる。それは、社会一般の幸福を増進しようとした思想である。代表的な思想家にベンサム（J. Bentham, 1748〜1832）がいる。ベンサムは「最大多数の最大幸福」を提唱した。ここでの幸福とは、やはり快楽である。この言葉の意味は概ねこうである。人間の行為はすべて快楽を求め、苦痛を避ける形でなされる。この場合、快楽すなわち幸福を求める行為が善なる行為である。逆に、苦痛すなわち不幸をもたらす行為が悪である。

　ベンサムの思想の特徴は、快楽を単に個人的な問題とは捉えていないところにある。すなわち、できるだけ多くの人の快楽を問題にしているところに

ある。より多くの人が快楽すなわち幸福になる行為が善なる行為なのである。さらには、より大きな快楽を求めた。つまり快楽を量的な問題として捉えたのである。

この量的に捉える快楽を、質的に捉え直したのがミル（J. S. Mill, 1806～1873）である。ミルは、ある種の快楽は他の快楽よりも質的に勝っていると認める。快楽は質的に一様ではない。高低がある。特に、精神的な快楽は、感覚的な快楽より質が高いのである。質の差異は「品位の感情」による。そこに快楽の質的な秩序がある。それを言い表した言葉がある。「満足したブタよりも、満足していない人間であるほうがよい。満足した馬鹿者よりも、満足していないソクラテスであるほうがよい」。

功利主義は、利己主義に反対し、結果を重視する。その意味で、功利主義は、私たちの現実的な生活に合っているのである。

道徳科の内容では「B　主として人との関わりに関すること」「C　主として集団や社会との関わりに関すること」を考える際に理解しておくべき立場である。

(3) 禁欲主義

道徳科の内容項目「A　主として自分自身に関すること」のモデルとなりうる事柄がもうひとつある。禁欲主義である。概ね次のような内容である。

人間には感性と理性がある。人間の本性は理性にある。道徳の目標は理性によって感性を制するところにある。言い換えれば、欲求・欲望の満足を目標とせず、それを制するところに目標を置くのである。

この立場の代表は、古代ギリシアのキュニコス派やストア派である。キリスト教等の宗教、後に紹介するカントなどにもその傾向がある。この立場の内容を端的につかむため、キュニコス派とストア派を簡単に紹介しておこう。

キュニコスとは「犬」という意味である。代表者はシノペのディオゲネス（前445～365頃）である。人為的な文明施設を否定し、原始状態に戻るのが理性的生活であるとして、それを実践した。そのため、物質的な欲望を否定し、社会的な人間関係を断ち切るべきであると主張した。例えば、財産を必要以上に所有すると、人はそれをより大きくしたり、守らなければいけなくなる。

いわば財産の奴隷となるのである。また、人間関係は大切である。ただし、諸々の悩みや煩わしさを生むのも人間関係である。彼は、樽の中に住み、袋ひとつの中に生活に必要な最小限の全財産を入れ持ち歩いていた。キュニコス派は、「嘲笑する、皮肉屋な、人を信じない」という意味を持つ英語のシニカル（cynical）の由来ともなった。

　ストア派は、感情や情欲を否定して、理性に従い、アパテイア（心の平静・安穏）に達する、という理性主義を説いた。代表者はゼノン（前335〜263）である。ストア派はこう考える。この世界にはそれを定めるロゴス（理論・論理）がある。自然界において、それは物理的法則となり、人間界においては理性となる。したがって、人は理性に従うのが自然な生活である。マルクス・アウレリウス皇帝（121〜180）の『自省録』は賢者の道を記した書として有名である。また、一般的に、健康のために食事を節制したり、厳しいトレーニングをしたりする人を「ストイック」という。その語源はストア派である。

3　義務論

　目的論的な道徳説、とりわけ功利主義の特徴は結果の重視にある。もちろん、そこには疑問が生じる。例えば、結果がよかったから、その判断は善い判断だったのか。純粋な動機に従ったにもかかわらず、悪い結果へとつながった。それは悪い判断だったのか。

　義務論は動機を重視する。代表者はカント（I. Kant, 1724〜1804）である。

　カントは、客観的に厳存する法に道徳の原理を求める立場「法則説」をとる。道徳法則こそ道徳の原理となるべき法である、とする。法則とは、一定の条件のもと、いつでも、どこでも成立する関係をいう。これを自然現象についていえば、自然法則である。人間についていえば、道徳法則である。

　自然法則は必然的法則である。必然的な因果律が支配する。人間もそこから自由ではない。衝動や本能といった生命的な欲求を持っている。それは、他の動物と同様である。いわば、必然的で機械的である。これに対して、道徳法則は「〜すべし」（当為）という形をとる。

　人間は動物と同じように、自然的な側面を持っている。つまり、欲求的で

ある。ただし、人間を特徴づけるのは、その欲求を制御・否定して生きるところである。道徳的な存在であるというところである。

　では、その制御・否定はどうあるべきか。

　私たちは、自分の欲求を抑える時、その結果得られる何かを求める場合がある。例えば、人に誉められたいから、お年寄りに親切にするとか、怒られないようにするため、静かにしている、とか。あるいは、内申書をよくしたいから、清掃を一生懸命行うとか、高い収入を得て贅沢な暮らしをしたいから、一所懸命勉強するとか。つまり、結果を求めて行為する場合、それが外面的に見て善い行為だったとしても、他律的である。それは、真に道徳的ではない。

　こういう形を「仮言的命法」という。すなわち「〜したいならば、……すべし」という形である。「ある結果をもたらすために行為せよ」は、道徳法則ではない。ある目的の達成のために、あるいは結果を得るために、その手段を私たちに勧めるからである。それは他律的である。

　それに対して、道徳法則は、端的に、行為そのものを命ずる「定言的命法」でなければならない。つまり「〜すべし」である。定言的命法は、自己目的であり、それ自体が善だからである。

　この立場は、特に、道徳科の内容における「自律」や「自由と責任」を考える際には不可欠である。人間にとっての自由とは何か、は道徳教育における重大な問題である。

第3節　道徳教育とは何か

1　「道徳教育とは何か」という問い

　道徳教育とは、「道徳」を「教育」する営みである。これまで、「道徳とは概ねどういう意味を持っているのか」、また、その道徳について、「どのような考え方があるのか」を説明してきた。次の課題は、その道徳を「教育する」というところである。もちろん、それにも多様な意味がある。

少しまとめておこう。

道徳とは何だったか。道徳とは、人の行為を制限する規範のひとつであった。特に、自身の言動の判断について、内的な道徳的価値観を基準とする点に特徴がある、とした。ただし、注意すべきは、その道徳的価値観は様々な事柄の影響を受けて形成される、という点であった。つまり、習俗、法、あるいは宗教等が影響する。その他、知識や経験、あるいは情報の蓄積も道徳的価値観を形成していく。単に、個人の価値観のみで言動の判断をするのではない。また、その判断を大まかに分類すると、その立場には、大きく目的論的な立場と義務論的な立場があった。

結論を先取りしていえば、すべての教育が道徳教育である。教育には多様な定義ができる。ただし、共通するのは知識・経験・情報を蓄積していく営みであるところである。読み書きの知識、科学的な知識、歴史的な知識、あるいは、家庭での経験、学校での経験、メディアからの情報等々。こういった知識・経験・情報が蓄積していけば、道徳的価値観は変容していくし、言動の判断も変容する。

ここでは次の3点に絞って考えていこう。つまり、「道徳は教えられるか」「道徳教育の必要性」「(学校教育の授業で取り上げる) 道徳教育の限界」である。

2　道徳は教えられるか

「徳は教えられるか」という古くからの問いがある。プラトンの対話篇『メノン』の中にある。メノンとソクラテスの対話である。

メノンはソクラテスにこう問う。

「人間の特性というものは、はたして人に教えることのできるものであるか。それとも、それは教えられることはできずに、訓練によって身につけられるものであるか。それともまた、訓練しても学んでも得られるものではなくて、人間に徳がそなわるのは生まれつきの素質、ないしは他の何らかの仕方によるものなのか……」。

ソクラテスはこう答える。

「だがぼくは、教えられるか教えられないかを知っているどころか、徳そ

れ自体がそもそも何であるかということさえ、知らないのだよ」。

この対話では「徳は教えられるか」というテーマを取り上げている。メノンが問うのは「徳」が、教授─学習によるのか、訓練によるのか、生来の素質なのか、である。この問いは、道徳教育だけでなく、教育一般にとっても重要である。

「徳」とは「卓越性」という意味である。元来は、ある事物が持つ優越性を意味していた。例えば、ナイフであれば、「よく切れる」という性質、馬であれば「速く走る」という性質である。人間についていえば、例えばプラトンのいう「四元徳」として「知恵、勇気、節制、正義」がある。もちろん、この「徳」と私たちが今考えている「道徳」の同一視はできない。時代も場所も大きく異なっているからである。それを承知のうえで、考える材料としてみよう。

ソクラテスは「徳は知識である」という方向で考えていった。教授─学習できるとするならば、それは知識である。人は、教えられて／学んでそれを知り、知っているからできるようになる。

ところが、それにあてはまらない事例はいくつも出てくる。知っているのにできない、知らないのにできる。人柄がよかったり、そうでなかったり。知識以外の何か、例えば訓練、しつけ、あるいは習慣によって身についている事柄が多い。つまり、徳は一部では知識であり、一部では習慣といえる。「徳は知識と習慣によって成り立つ」としたのは、アリストテレスであった。

こういった考え方は、私たちのいう道徳の場合にも適用できよう。つまり、道徳は知識と習慣によって成り立つのである。言い換えるならば、道徳についての知識・経験・情報の蓄積はできるのである。つまり、「道徳は教えられるか」に対しては「教えられる」といえよう。

3　道徳教育の必要性

「道徳教育は必要か」と問われれば、誰もが、「必要」と答えるだろう。少なくとも教育は子どもを善い方向へ導く営みである。やはり、子どもには、善くなってもらいたいし、社会は善い人の集まりであってほしい。道徳に反

しない言動をとれるようになった方がよいし、それを超えて、道徳的に善い人格になった方がよい。

「不必要」と答える場合であっても、例えばそれは「大人に都合のよい理屈を押しつけるべきではない」といった内容であろう。あるいは、「学校の授業として実施すべきではない」といった狭義の反対論であろう。

では、道徳教育はいつどのように必要となるのか。教育はいつ、どこで行うのか。

空間的にいえば、教育の場所は、「家庭→学校→社会」と拡大する。もちろん、現在では単純な三分割は難しい。家庭と学校の間には保育園等が入る。幼稚園・小学校・中学校・高等学校・大学と進み、卒業後は大学院、社会人入試により再び大学へ、と「学校」の範囲は大きくなっている。

時間的にいえば、例えば、発達段階に従って、乳児期、幼児期、学童期、青年期、成人期、老年期……と進む。それぞれの段階にふさわしい教育がある。

道徳教育といっても、それぞれの場所、発達段階によって、その必要性は異なる。

乳・幼児期には、主として家庭におけるしつけという形で道徳教育を行う。つまり、子どもに日常生活における行動様式ないしは生活習慣の型を身につけさせるのである。

発達とともに、関わる人の数や集団の規模が大きくなる。保育園や幼稚園では集団のルールを学ぶだろうし、他の人との関わり方等を学ぶだろう。日常生活においても、周りの人と関わりながら、そこでの振る舞い方を学ぶだろう。意識的・無意識的に道徳を学ぶ。とりわけ、習慣的に、無意識的に学ぶ事柄が多いだろう。

学童期になると、学校という「小さな社会」における道徳教育が行われる。子どもは、学校において一日の多くの時間を過ごす。その意味で、学校における道徳教育の影響は大きい。学校における道徳教育は「特別の教科　道徳」という特設的な道徳と「学校教育活動全体を通じて」の道徳とがある。

特設的な道徳教育は、教育課程としては小学校と中学校にしかない。とはいえ、前述したように「学校」の意味する範囲は大きくなっている。それゆ

え、高等学校、大学あるいは専修学校・各種学校においても「学校教育活動全体を通じて」の道徳教育はある。そう考えるべきであるし、それを意識すべきである。

4　道徳教育の限界

人間が社会生活を送っていれば、そこに道徳教育がある。あるいは、すべての教育が道徳教育である。こういえば簡単である。ただし、その内容は曖昧である。やはり、できる限り具体的に考えてみたい。ここでは、学校教育の授業で取り上げる道徳教育について考え、可能性や限界を探ってみよう。

前述した通り、小学校・中学校には「特別の教科　道徳」と「学校教育活動全体を通じて」の道徳教育とがある。学校における道徳教育の意義は、意識的に実施する点にある。

では、そこでは何を教授―学習すべきなのか。端的にいえば3つある。
① 道徳的行為の原理・原則
② 事実的な状況、条件等の理解
③ ①②を吟味して、適切な言動を選択する方法

例えば、「公平であれ」というのは、道徳的な原理・原則のひとつである。ただし、その意味は状況や条件によって異なる。「席替え」の際に、くじ引きを採用するのは「公平」を実現するためである。ところが「不公平」な結果につながる場合がある。視力の低い者が、後ろの席になってしまい、黒板の字がよく見えない、といった場合である。学習という点から見れば「不公平」となる。こういった場合には、事前に個人の条件に合わせて、希望をとっておくとか、事後的に交換が可能なようなルールを作っておく必要がある。つまり、原理・原則と状況、条件を吟味して、言動を選択するのである。

学校での道徳教育、特に「特別の教科　道徳」では、この①②③の意識的な教授―学習が可能である。そこでは、読み物資料や映像資料等を用いて、いわば、実験的な学習が可能である。つまり、「特別の教科　道徳」は「考える道徳」「議論する道徳」の実践の場として、大いに可能性がある。

そのためには知識・経験・情報の蓄積が必要である。これらの保障なしに、

考えたり、議論したりするのは難しい。よって、それらを保障する必要がある。それが「学校教育活動全体を通じて」の道徳教育である。いうまでもなく、各教科、特別活動、総合的な学習の時間、といった教育課程や学校での生活全般である。「学校教育活動全体を通じて」得られた知識・経験・情報を用いて、「特別の教科　道徳」において実験的に考え、議論する。このような連携を持たせるところに、学校での道徳教育の可能性がある。

　もちろん、限界もある。児童生徒は知識・経験・情報を、学校においてだけ蓄積するわけではない。それぞれの生育歴、環境、趣味嗜好が異なる。そのため、個人差がある。それをどう調整するのか。難しい。もちろん、それらの個人差を相互に理解する機会となる、という可能性もある。

　また、学校教育では取り扱いが難しい事柄もある。本章、冒頭において説明したように、道徳的価値観には習俗、法、宗教等も影響する。特に、宗教については、宗教教育の禁止という観点からかなりの制約がある。

　さらに、どれだけ道徳教育をしっかりと実施しても、その児童生徒が道徳的な人格となるか否かはわからない。少なくとも、道徳教育を実践する側としては、道徳に関する知識・経験・情報を提供する。さらに限定すれば、知識の教育は可能である。それが一人ひとりの児童生徒の中にどう育まれ、どう人格が形成されていくのか、はわからないのである。

参 考 文 献
フランケナ, ウィリアム・K. 著、飯田亘之ほか訳『道徳についての思考——倫理と合理性』東海大学出版会、1995 年
村井実『道徳は教えられるか』国土社、1990 年
和辻哲郎『人間の学としての倫理学』岩波書店、1934 年

第 3 章

道徳教育の歴史

第1節 科目「修身」の時代

1 「学制」の制定

　江戸時代末期には全国に270ほどの藩があり、多くの藩には藩校が置かれ、そのほかに私塾や郷学などがあった。初等の教育機関としては寺子屋があり、寺子屋の規模は寺子10〜100人ほどで、7歳前後から数年間自由に通って、読・書・算の習得を行っていた。学習内容は「いろは」から始まり儒教道徳・公共道徳も教えられていた。教師も町人・武士・僧侶・神官等様々であった。

　江戸時代の教育の中心は儒教倫理であった。朱子学が盛んになった江戸時代後期になると、天皇の権威や伝統に対する関心が次第に高まっていった。幕末には『日本外史』や『神皇正統記』が盛んに読まれるようになり、尊皇思想が全国へ広がっていった。

　幕末、アヘン戦争をはじめとして、アジアが着々とイギリス・フランスなどの列強諸国に侵略されていく事実が知られるようになった。各藩でも列強を排斥する攘夷運動が盛んになっていた。薩摩・長州などの藩士の間では幕府を倒し天皇親政の国家を創設しようという尊皇倒幕運動が高まった。幕府はついに大政奉還を行い明治新政府が樹立された。

　明治新政府は1868年、「五箇条の御誓文」を公布し、西洋列強に倣った中央集権国家体制の整備をスタートさせ西洋文明の整備を急いだ。そして即位した天皇には君主として必要な教育が儒学・国学・洋学それぞれの侍講によって始められた。一方急速な価値観の転換によって社会道徳は混乱していた。

こうした中、教育制度の整備も急がれ1871年には文部省が設置され、フランスの学校制度をモデルとして1872年「学制」が制定された。

この「学制」の前日に出された「学事奨励に関する被仰出書(おおせいだされしょ)」には、学校は立身・治産・昌業のために設けられるものとされ、その学校観・教育観は個人主義・功利主義・実学主義に基づくものであった。

小学校は下等小学4年間（8級〜5級）と上等小学4年間（4級〜1級）に分けられ、教科は、字綴・習字・単語・会話・読本・修身・書牘・文法・算術・養生法・地学大意・理学大意・体術・唱歌の14教科で修身は6番目であった。

具体的な内容については「小学教則」で定められ、「修身」は下等小学の4年間に置かれて、第8〜6級は週2時間、第5級は週1時間で、内容は「修身口授（ギョウギノサトシ）」とされ、具体的には『民家童蒙解』『童蒙教草』『勧善訓蒙』『修身論』『性法略』という西洋倫理書の翻訳を教師が読んで、その内容を児童に説明するという方法であった。

「修身口授」が教則中に明記されたとはいえ、全国の多くの小学校において、それが直ちに始められたわけではなかった。多くの小学校では、読・書・算のみの教育を行っている状態で、全国の小学校の教育課程の規範となっていた東京の師範学校の小学教則に「口授」が置かれたのも、ようやく1877年からであった。

このように「学制」が制定されて、近代国家の学校制度がスタートしたが、明治維新後の社会的混乱、財政不足、急速な西洋文明の受容に対する抵抗等で、学校の建設も教育の改革も、実際面では非常に困難な状況にあり「学制」をそのまま存続させることはほとんど不可能となっていた。

文部大輔田中不二麻呂はアメリカ視察から帰った1879年、「学制」を廃止して、新たに「教育令」を布告した。この「教育令」は小学校の設置・就学の義務を緩和し、特に地方の自主性を尊重していたため「自由教育令」とも呼ばれている。

この「教育令」によれば、小学校の学科は「読書習字算術地理歴史修身等ノ初歩」とされ、修身はここでは最下位に置かれた。「学制」以来、道徳教育は学校教育の中で、それほど重視されておらず、そうした教育内容には儒

学者を中心に批判が多かった。彼らは教育が知識中心で欧米一辺倒となっていることを批判し、伝統的な儒教倫理に基づく教育の必要性を主張していた。

2 「教学聖旨」と「教育令」の改正

　明治天皇は、東北・北陸・東海地方を巡幸し、地方の学校教育の実情を視察した。この巡幸において見聞した各地の学校における知識偏重の教育と、徳育の荒廃を憂慮して、1879年に教育に関する意見を侍講の儒学者元田永孚に起草させ、内務卿伊藤博文、文部卿寺島宗則に示した。これが「教学聖旨」(「教学大旨」と「小学条目二件」からなる) と呼ばれるものである。これによれば、今後は知識偏重となることなく、教育の中心を道徳とし、その道徳も儒教を中心にすべきであるとされた。

　この「教学聖旨」に対して内務卿伊藤博文は、反対意見を「教育議」と題して奏上した。それによれば、現今の道徳が荒廃しているのは、明治維新による社会の変動のためであり、決して教育方針に誤りはなく、近代学校制度が確立されてからまだ間もないためにその効果が現れていないためであるとし、儒教主義教育を復活させることや、ひとつの国教を定めるということは、近代的国家として望ましいことではないと主張した。この伊藤の意見に対して元田永孚は、直ちに儒教を中心とした国教を定めるべしとする反論を「教育議附議」として奏上した。

　一方、「学制」の反省から地方に権限を委ねた「教育令（自由教育令）」は、かえって混乱を生み小学校の建設中止や廃校、さらには就学率の大幅な低下をもたらした。早くも翌1880年には「教育令（自由教育令）」は改正され、学校の設置・就学の義務が厳格に規定され、徳育が強化されることになった。

　この「教育令（改正教育令）」では小学校の学科を「修身読書習字算術地理歴史等ノ初歩」と定め、修身を学科の筆頭に位置づけた。教育令の改正を受けて1881年に出された「小学校教則綱領」には、修身科では、簡易の格言・事実に基づいて児童の徳性を涵養し、合わせて作法を教授させることが指示された。そして、修身科の対象は、学制期の「修身口授」が小学校1、2年のみから全学年に拡大された。授業時間数も小学校初等科（3年）・中等科（3

年）では週6時間、高等科（2年）では週3時間と大幅に増やされた。

　こうした修身科の重視は当然修身科教科書の性格をも一変することとなった。1880年3月、文部省は編輯局を設け、西村茂樹を局長に任命し『小学修身訓』を発行した。天皇の侍講でもあった西村の編纂したこの修身書は、それまでの翻訳の修身書に代わって、儒教主義道徳を基調としたものであった。また、その教育方法も生徒に熟読暗記させるように指示されていた。これは後の修身科教科書編纂に多大な影響を与えることとなった。

　一方、この時期には民間においても多くの修身書が出されていたが、自由民権運動の影響が教育界に及ばないようにするため、全国で使われている教科書の調査が行われた。その中には以前使われていた翻訳教科書にも不適切とされ排除されるものがあった。また同年、採択教科書の開申制を定めて、教科書の使用には逐一報告することが義務づけられ、さらに1883年には、開申制を改め文部省の許可制となった。

　文部省は1883年に生徒用の教科書として『小学修身書（初等科之部）』『小学作法書』、翌1884年には『小学修身書（中等科之部）』を刊行した。その教科書冒頭には「教師心得七則」が示され、この中で万世一系の天皇家を敬う気持ちで教えるように指示がなされ、尊皇愛国の皇道主義が示されていた。

　これと並行して1882年には宮内省からも『幼学綱要』が出された。これは明治天皇が幼童のための教科書として侍講の元田永孚に編纂を命じたとされるものであり、勅撰の修身書ともいうべきものであった。これは刊行されると直ちに全国の小学校に配付された。その内容は「孝行」「忠節」など20の徳目からなり、中国や日本の例話を多く挙げたものである。これも『小学修身訓』と同様に、以後の道徳教育の性格を決定づけた。

3　森有礼の学校令の公布と教科書検定制度

　1885年、初代文部大臣に森有礼が就任した。彼は近代国家にふさわしい教育体系の確立を図り翌1886年には「小学校令」「中学校令」「師範学校令」「帝国大学令」を制定した。

　森は近代的国家形成に欧米文化導入の必要性を強く主張していた。道徳教

育に関する考え方も、儒教主義による教育がもはや時代不適合であり効果も上がらないとの認識を持ち、西村茂樹の『小学修身訓』以降の修身教科書による暗記主義の教育方法には批判的であった。そこで彼は教科書によらない授業を実施するよう指示していた。

「小学校令」においては、小学校は尋常小学校（4年）と高等小学校（4年）とされ、修身科の授業時数は週1回30分と大幅に減らされることとなった。修身科の授業では内外古今の善良な言行について談話をして、日常の作法についても教授し、教師は言行の模範となるようにとされた。森はまた全寮制の師範学校でこうした手本となる教師の育成をめざした。

「小学校令」では教科書は文部大臣の検定したものに限ることとされ、教科書が検定制となったが、修身科では原則教科書を使用しないこととした。一方で儒教主義によらない修身教科書の編纂を指示し、文部省によって新しい修身科教科書の編纂が進められることになったが、その計画は森の暗殺によって中断された。

4 「教育ニ関スル勅語」（「教育勅語」）の渙発と教科書国定制度

1889年大日本帝国憲法が発布され、翌年帝国議会が開設され、天皇主権の国家体制が整備された。一方、修身科教育の方針や方法をめぐっては様々な立場から批判が起こって論争が展開されていた。文部大臣に就任した芳川顕正は、徳育の方針を確定するため、山県有朋、井上毅、元田永孚らの協力を得て教育勅語の起草を開始した。

1890年に渙発された「教育ニ関スル勅語」（「教育勅語」）は、教育の方針を儒教的個人道徳と立憲主義的公共道徳とを基礎に、天皇制による国家体制を助け、強力な国家建設を行うこととした。芳川文相はこの「教育勅語」が渙発されると、その謄本を全国の学校に配布した。そしてそれを学校の儀式などで読み生徒に誨告するように訓示した。

1891年、大木喬任が文部大臣に就任すると、「小学校祝日大祭日儀式規程」を定め、紀元節、天長節などの祝祭日の際、学校で行われる儀式に「教育勅語」を奉読することが厳格に定められた。この「教育勅語」の謄本は天

皇皇后の写真（「御真影」）とともに厳重に保管されるようになった。この時期、こうした教育に反対した事件（内村鑑三の不敬事件）もあった。

　修身科では森文相以来、教科書不使用の方針がこれまでとられていたが、大木文相はそれを否定し、同年、「小学校修身科教科用図書使用に関する通牒および説明」を発した。また、同年「小学校教則大綱」が出され、具体的な教則が示された。この中で修身科は「教育勅語」に基づいてなされるべきことが明記された。

　当然、修身科で用いる教科書も検定が強化されることとなった。こうして1891年には「小学校修身科教科用図書検定標準」が定められ、これに則った教科書が発行され、再び教科書を用いた修身科教育が開始されるに至った。こうして発行された検定修身科教科書は、どれも教育勅語の徳目を列挙した形式的な徳目主義によるものであった。

　また、この検定制度は当初から出版社の激しい販売競争や府県での採定に際しての汚職などが問題となり文部省内外でその対策が練られていた。このような動きの中、1902年に起こった教科書疑獄事件が直接の契機となり、修身をはじめとする教科書の国定制が正式に決定された。こうして1904年には最初の国定修身科教科書（第一期1904〜1909年）として、全国の小学校で『尋常小学修身書』『高等小学修身書』が刊行された。

　この教科書は以前の多くの検定修身科教科書が徳目主義による形式的なものであったことへの反省から、人物の伝記を多く取り入れた形式であった。しかもその内容は個人的道徳や近代市民社会の倫理が強調されるなど比較的近代的性格を持つものであった。そこで、逆に国家道徳の比重が軽いなどと発行当初から批判の多い教科書でもあった。

　第一期の国定教科書はその近代性ゆえに批判が集中し、日露戦争後の帝国主義台頭の影響下、1908年には全面的な修正が着手されることとなった。この時、その修正を手がけた穂積八束の影響もあり、修正されて出された第二期の国定修身科教科書（第二期1910〜1917年）は国民道徳が強化され、家族的国家倫理を重視したものとなった。

5 大正新教育運動

　強力なカリスマ性を持った明治天皇が崩御すると、天皇に権力を一極集中させた国家体制がコントロールを失い、軍部の要求に歯止めが利かなくなり、第一次世界大戦・シベリア出兵を経て、帝国主義的体制が次第に強化されていった。こうした中、1917年寺内内閣によって「臨時教育会議」が設置され戦後の教育改革が審議された。その答申において、小学校においては、国民道徳教育を徹底させ、帝国臣民としての根幹を養うことに尽力することとされ、「教育勅語」に基づいた臣民教育が一層推進されることになった。

　一方この時期は、第一次世界大戦後の世界的平和協調の雰囲気の中で、日本においても大正デモクラシーと呼ばれる民主的な風潮も高まっていた。この時期の教育界では盛んに児童中心主義に基づく新たな教育方法が紹介され、各地の師範学校の附属小学校や私立の学校においてもその研究・実践が試みられた。これらの教育は、教師の一方的な注入教授に対して、子どもの自発性、創造性、個性の自由な発現を重視しており「大正新教育運動」（大正自由教育）と呼ばれている。

　こうした児童中心主義による新教育運動は、当然修身科教育の上にも影響を与えた。特に徳目の画一的注入主義の教育方法が批判され、児童の自発性、創造性、個性の自由な発現を重視する道徳教育の創造が研究・実践された。中でも主知主義・注入主義であった修身科教育を改め、児童の実生活を中心として、その中で道徳の実践的指導を行おうとした「生活修身」が著名である。しかし、現実的には一般の小学校にまで発展することは少なく、そこでは明治以来の教科書中心の徳目注入主義の修身科教育が依然多く行われていた。

　この時期に改定された国定修身教科書（第三期1918～1932年）は国際協調、平和・民主主義の傾向を持った教材が取り入れられていたが、また神話教材も現れ皇国主義の臣民教育はさらに進められることとなった。

6　皇国民の錬成と国民学校令

　第一次世界大戦後の世界的経済恐慌は日本にも深刻な打撃を与え、社会不安を高めていた。5.15事件、2.26事件などを契機として軍部はますます増長し「準戦時」体制が進み、日本は超国家主義の道を歩んでいった。教育はこの戦争遂行のための教化政策に従い、道徳教育も軍国主義に基づく皇国民の錬成という方針が明確に打ち出された。1937年文部省は、天皇の統治する国家体制（国体）に対する忠誠を説いた『国体の本義』を刊行した。

　この時期の国定修身教科書（第四期1933～1940年）は軍国主義的・超国家主義的傾向の教材が大幅に増やされ、「忠良なる臣民」として国体を支える精神論が強調されていた。

　1937年、政府は内閣総理大臣の諮問機関として教育審議会を発足させ、その答申に基づいて、1941年、小学校は「国民学校」と改められた。この「国民学校」では従来の修身・国語・国史・地理の四科を合わせ、これを「国民科」とし、国体の精神を明らかにして国民精神を涵養し、皇国の使命を自覚させることをその目的とした。さらに国民科修身については、当時の戦争が聖戦であることを理解させ、これに進んで参加する国民的義務を果たす態度の錬成が求められた。同年文部省は「世界新秩序の建設」を達成するための行動指針として『臣民の道』を刊行した。

　この時期の国定修身教科書（第五期1941～1945年）は軍国主義・超国家主義の傾向がより強まり戦争教材や神国観念に基づいた教材が多く取り上げられていた。

第2節　「社会科」による「よき市民育成」の時代

1　占領軍による教育指令とアメリカ教育使節団

　第二次世界大戦では日本の多くの都市は焦土と化し、ポツダム宣言を受け入れ敗戦に至った。この敗戦により、日本を占領した連合国は東京に連合国

軍総司令部（GHQ）を設置し、そこに民間情報教育局（CIE）を置き、日本の超国家主義的・軍国主義教育を排除するため、数々の指令を発した。1945年、その指令によって、修身・日本歴史・地理の授業が停止させられた。その後、翌年には日本歴史、地理の授業が再開されることになったが、修身はその後も再開されることはなかった。

1946年3月、民間情報教育局の要請によって、日本教育の再構築のために本国陸軍省から教育使節団が派遣された。使節団はJ. D. ストダードを団長として27人で構成され、日本各地を視察し、その報告書がGHQに提出された。こうして出されたのが「第一次アメリカ教育使節団報告書」である。報告書は日本の戦時下の教育を批判し、民主主義・自由主義の立場からその後の我が国の教育改革の指針を示した。修身についても、平等を促す礼儀作法・民主政治の協調精神および日常生活における理想的技術精神を民主的学校の中に発展させ実行されなくてはならないと指摘している。

2　新教育指針と教育刷新委員会

1946年5月に文部省は教師のための手引書「新教育指針」を発表した。これはアメリカ教育使節団報告書に次いで、我が国の新教育推進に大きな役割を果たしたものであった。「新教育指針」では新日本建設の根本問題として「日本の現状と国民の反省」「軍国主義および極端な国家主義の除去」「人間性、人格、個性の尊重」「科学的水準および哲学的・宗教的教養の向上」「民主主義の徹底」「平和的文化国家の建設と教育者の使命」を挙げ、さらに教育の重点課題と新教育の具体的方法を示した。

1946年8月内閣に教育改革の理念と方針を構想するため教育刷新委員会が設けられた。教育刷新委員会は同年、①教育の理念および教育基本法に関すること、②学制に関すること、③私立学校に関すること、④教育行政に関することを建議した。以後1949年教育刷新審議会と名称変更され、1952年の中央教育審議会（中教審）の設置まで戦後教育改革を担ってきた。

3 「教育勅語等排除・失効確認決議」

　議会での憲法改正の審議の中でも、教学刷新委員会での「教育基本法」構想の審議の過程においても、教育勅語の取り扱いが問題となっていた。当初、従来の教育勅語の考え方を維持しようとするものや、新しい教育勅語を出そうとするものなど様々な議論があった。文部省やGHQでは新教育勅語の渙発を模索していたが、教学刷新委員会はそれを見送り、1946年文部省は「勅語及詔書等の取扱について」を出し「教育勅語」を唯一の教育の淵源と考えないこと、式典などで読まないこと、神格化しないこととした。

　1946年日本国憲法が公布され、翌年には「教育基本法」が定められた。従来、教育に関する国の定めはすべて勅令とされていたが、すべて法律によって定められることになり、続いて「学校教育法」をはじめとする様々な法律が整備された。

　「教育基本法」が出された後にもまだ「教育勅語」を復活させたり、改定して新「教育勅語」を渙発させたりしようとする動きもあったが、1948年には、衆議院において「教育勅語等排除に関する決議」、参議院において「教育勅語等の失効確認に関する決議」がなされ、文部省は「教育勅語等の取扱いについて」を通達し、その趣旨の徹底を通達した。そして全国に配布した「教育勅語」等の返還を命じた。

4 「学習指導要領　一般編（試案）」

　1947年「学校教育法」が施行され、ここに新制の小学校・中学校が発足した。これらの学校の教育課程は「学習指導要領」を基準にすることとなり同年「学習指導要領　一般編（試案）」が出され、続いて各科編も相次いで刊行された。これらはどれも「試案」であることが明記され、厳密に学習内容を規定していた従来の学校令―国定教科書―教師用書による内容の規制と比べて画期的な内容であった。

　小学校の教科は、国語、社会、算数、理科、音楽、図画工作、家庭、体育、自由研究となった。国民学校と比べると、修身・公民・地理・歴史がなくな

り、新しい教科である「社会科」が設けられ、従来女子だけに課せられていた家事科が家庭科となり、また新たに自由研究が設けられた。

「社会科」は従来の修身・公民・地理・歴史をただまとめたものでなく、それらを融合して、一体として学ぶ目的を持つものとして新たに設けられたものである。こうして学校における道徳教育は社会生活についての良識と性格とを養う「社会科」を中心として行われることとなった。

5 「修身科」復活論議

一方、「社会科」を核とした新教育は基礎学力の低下をもたらし、特に道徳の退廃をもたらしているとする批判が次第に高まっていた。当時の青少年の非行化傾向の増大や秩序礼儀をわきまえない風潮が批判され、しつけを中心とした道徳教育を求める声も高まっていた。1950年8月、第二次アメリカ教育使節団が来日し、道徳教育に関しては全面主義の意義を重ねて強調していた。しかし、米ソ間の緊張が高まる中、日本の占領政策は大きく変化していった。1951年日米安全保障条約が調印され、1953年には「池田・ロバートソン会談」が行われ、日本政府は自由陣営のための軍備拡張、教育を通しての愛国心の涵養、自衛のための自発的精神を高めることなどが確認された。

こうした内外情勢の変化の中で、内閣総理大臣吉田茂は、国民の愛国心と道義の高揚を強調し、「教育勅語」に代わるような、国民道徳の基準（「教育宣言」）を作るように求めていた。吉田首相に懇望されて入閣した天野貞祐文相は、国としての「教育勅語」に代わるものを制定し、さらに修身のような教科を設けることの必要を表明した。しかしそれはたちまち世論の反発を引き起こし、賛否両論が激しく闘わされた。

1951年1月、教育課程審議会は「道徳教育振興に関する答申」を提出した。そこでは天野文相の考えとは逆に、全面主義の道徳教育というこれまでの考え方を支持し、道徳教育を主体とする教科あるいは科目は、過去の修身科に類似したものになりがちであって、それを設けることは望ましくないとの答申が出された。

この答申を受け、文部省は1951年「道徳教育振興方策」を発表し、これ

に添って作成した『道徳教育のための手引書要綱——児童・生徒が道徳的に成長するためにはどんな指導が必要であるか』を発表した。そこでは従来の基本方針を再確認し、道徳教育を民主主義的なものにし、再び過去の弊を繰り返さないようにすることが必要であるとし、日本国憲法・教育基本法の精神に基づく戦後の民主主義的な教育理念が踏襲された。

第3節　特設「道徳の時間」から「特別の教科　道徳」へ

1　「道徳の時間」の特設

　1957年松永文相は記者会見で道徳教育を独立教科にしなければならないとする発言を行った。同年、教育課程審議会においても道徳教育の時間の特設を答申した。ここで文部省の方針は大きく変わることになった。1958年に改訂された「学習指導要領」では「道徳の時間」が特設された。道徳教育は学校における教育活動全体を通じて行うという従来の基本方針は変更せず、その目標と内容をさらに明確にして「道徳の時間」において道徳教育を計画的に継続して行い児童生徒が道徳性について内面的な自覚を深めるようにした。

　一方同年、学校教育法施行規則が改正され、「学習指導要領」は明確に教育の国家基準として法制化された。これによって「最低の授業時数」も示されることとなった。

2　道徳教育の充実策

　1960年に成立した池田内閣は「国民所得倍増計画」を閣議決定し、経済成長に必要な人材の育成に力を入れることになり、道徳教育の充実が課題となった。1963年教育課程審議会は「学校における道徳教育の充実方策について」を答申し、それに基づき都道府県の教育委員会に道徳の専任の指導主事が置かれ、また道徳教育研究学校が指定配置された。また文部省は『道徳の指導資料』を全国の各小・中学校の学級担任に配布した。これは各学年ご

とに編集され教師用書として刊行されたものであった。

　1965年文部省は「道徳の読み物資料について」という通知を出し、読み物資料の内容の基準を示した。さらに、1976年から1977年にかけて文部省は『道徳の指導資料とその利用』を刊行している。こうした、読み物資料の基準の設定によって、道徳教育の充実が図られていったが、一方で道徳教育は、読み物教材を中心とした授業に形式化していくようにもなっていった。

3　「期待される人間像」

　1966年10月、中央教育審議会は、「期待される人間像」を答申した。ここでは、愛国心や遵法精神の育成、さらには宗教的情操の必要が示された。文部省は1968年から学習指導要領の全面的改訂を行い、道徳の目標には「人間尊重の精神」「生命に対する畏敬の念」が加えられた。1973年の第一次石油ショックを境として高度経済成長期が一段落を見せると、学校教育での格差教育・「落ちこぼれ」の問題が顕在化してきた。1976年教育課程審議会は「小学校、中学校及び高等学校の教育課程の基準の改善について」を答申した。ここで、「ゆとり」ある充実した学校生活を送ることが強調され、各教科内容の精選、授業時数の改善の必要が示され、1977年から学習指導要領の改訂がなされた。

4　いじめ・登校拒否・校内暴力

　1983年2月に東京都町田市忠生中学校で教師による生徒刺傷事件が起こった。この時期、校内暴力やいじめ、受験戦争の激化など教育の荒廃がいわれるような状況にあった。1984年「臨時教育審議会」（臨教審）が設置され、1986年「徳育の充実」のためとして、道徳の時間の内容の見直し・重点化、適切な道徳教育用補助教材の使用の奨励などが示された。

　一方、文部省は1985年に「児童生徒の問題行動実態調査」を発表し、いじめ・登校拒否・校内暴力の実態が明らかにされた。同年、文部省は「道徳の時間」の実施の徹底を都道府県に通達した。

　1989年、臨時教育審議会の答申を受けて、「学習指導要領」が改訂された。

ここでは、「ゆとり」の方針を引き継ぎ、さらに「生命に対する畏敬の念」が示されるとともに、「主体性のある」日本人の育成が強調された。

5　「生きる力」と「心のノート」

　文部省は1994年、愛知県の中学2年生がいじめを苦に自殺するという事件を受け、こうした出来事が繰り返されてはならないとの観点からいじめ対策緊急会議が設けられ、翌年「いじめ問題の解決のために当面すべき方策について」が報告された。

　1996年、中央教育審議会は「21世紀を展望した我が国の教育の在り方について」を答申した。ここでは、これからの学校教育のあり方として「ゆとり」の中で「生きる力」の育成の必要を示した。これを受けて、1998年「学習指導要領」が改訂され、教育内容の3割が削減された。また、「総合的な学習の時間」が新たな領域として設けられた。また、道徳教育を進める豊かな体験として「ボランティア活動」「自然体験活動」が加えられることとなった。

　さらに、2001年に文部科学省は「21世紀教育新生プラン　レインボープラン　7つの重点戦略」を発表し『心のノート』の作成など道徳教育の具体的充実策を示した。『心のノート』については「道徳の時間」をはじめ様々な教育活動の場での使用が指示された。

6　教育基本法の改正と「特別の教科　道徳」

　2000年、小渕首相は私的な諮問機関として教育改革国民会議を設置し、同年報告として「教育を変える17の提案」が出され、新しい時代にふさわしい教育基本法の制定や道徳の教科化が提言された。2003年の中央教育審議会の答申においても教育基本法の改正の必要が提言され、新しい「教育基本法」が2006年に公布施行された。

　一方、2006年文部科学省はいじめ問題の解決に向けて「いじめの問題への取組の徹底について」を通知した。また同年安倍首相は「教育再生会議」を設置し、翌2007年第一次報告が提出され、ゆとり教育の見直しが提言さ

れた。さらに第二次報告では「徳育を教科化し、現在の『道徳の時間』よりも指導内容、教材を充実させる」と示された。

　2008年、学習指導要領が改訂され、教育基本法の改正を踏まえて「道徳の時間」は道徳教育の「要」と明確に位置づけられた。同時に道徳教育の推進を主に担当する教師として「道徳教育推進教師」が置かれた。

　2013年安倍内閣によって「教育再生実行会議」が設置され、その報告としていじめ問題等への対応が提出され、道徳を新たな枠組みによって教科化することが提言された。同年文部科学省に「道徳教育の充実に関する懇談会」が設置され、道徳の時間を「特別の教科　道徳」(仮称) として位置づけることが提言され『心のノート』の全面改訂が示された。2014年文部科学省は『私たちの道徳』配布の告知を行った。同年、中央教育審議会は「道徳教育に係る教育課程の改善等について」を答申し、翌2015年、学習指導要領の一部が改正され、小学校および中学校の「学習指導要領解説　特別の教科　道徳編」が発表された。

参考文献
江島顕一『日本道徳教育の歴史——近代から現代まで』ミネルヴァ書房、2016年
貝塚茂樹『道徳教育の教科書』学術出版会、2009年
片桐芳雄・木村元編著『教育から見る日本の社会と歴史 (第2版)』八千代出版、2017年

第 4 章

道徳性の発達

第 1 節　道徳に関する判断・思考

　本章では、道徳性の発達について、心理学が明らかにしていることを述べる。道徳性の発達には様々な心理的要因が関わっている。例えば、家族内や学校での人間関係は、道徳性の形成に大きな影響を与える。他者に対する共感性も道徳性と深く関わる。動機づけも、道徳的実践力などと深く関わっているに違いない。また、近年は、脳科学が飛躍的に発達し、感情がこれまで考えられていた以上に道徳判断に大きく影響していることが明らかになってきている。

　本章では、このように多様な心理的要因のうち、道徳に関する判断や思考に注目する。私たちはどのようなことをよいと考え、何をするべきだと考えるのだろうか。また、そのように考えるもとには、どのような論理・理由、根拠が存在しているのだろうか。このような問題に対する心理学の研究を紹介する。

　道徳の問題は、ある場面である行為をする／しないという問題にとどまらず、常に多様な事柄と結びついて、広く深い問題につながっていく。例えば、「嘘をついてはいけない」と私たちは考えそう教えるが、しかし大人であれば、嘘をついた方がいいように思われる場合をすぐに思いつく。「きまりを守らなければならない」と教え、きまりを守らなかった子どもを叱るが、きまりを守らなくてもいい場合やきまりを守らない方がいい場合を、大人はすぐに思いつく。道徳は、何が正しいか自明であるという側面と、それにもかかわらずその例外となりそうな事例がすぐに思いつくという側面を併せ持ってい

る問題である。その中にあって、どのような道徳的判断をどのような理由に基づいて行っているのかを、子どもだけでなく私たち大人を含めて考えてみることは、道徳教育を考える際に重要である。道徳判断の発達を、子どもだけでなく大人に至るまで、心理学の観点から概観しつつ考えていきたい。

　道徳的判断やその発達に関しては、コールバーグ（L. Kohlberg）の貢献が大きい。本章でも、コールバーグの研究を紹介することから道徳に関わる思考や判断の発達理論を紹介する。それをもとに、コールバーグ理論と対比しながら、テュリエル（E. Turiel）、ギリガン（C. Gilligan）の理論を紹介する。その紹介に重ねつつ、これらの理論を踏まえて、道徳教育について検討する。

第2節　コールバーグ

1　ハインツのジレンマ

　コールバーグの紹介は、彼が研究で用いたハインツのジレンマを示すことから始めるのが適切だろう。これは次のようなストーリーである。まず読者自身で、この話の主人公であるハインツはどうすべきか、それはなぜかを、じっくりと考えてみてほしい。

　　ヨーロッパで、1人の女性がたいへん重い病気のために死にかけていた。その病気は、特殊なガンだった。彼女の命をとりとめる可能性を持つと医者の考えている薬があった。それは、ラジウムの一種であり、その薬を製造するのに要した費用の10倍の値が、薬屋によってつけられていた。病気の女性の夫であるハインツは、すべての知人からお金を借りようとした。しかし、その値段の半分のお金しか集まらなかった。彼は、薬屋に、妻が死にかけていることを話し、もっと安くしてくれないか、それでなければ後払いにしてはくれないかと頼んだ。しかし、薬屋は、「ダメだよ、私がその薬を見つけたんだし、それで金もうけをするつもりだからね。」と言った。ハインツは、思いつめ、妻の生命のために薬を盗みに薬局に押し入った。

　　　　　　　　　　　　　　　　　　　　　　　　（永野［1985：10］）

コールバーグはこのように、モラルジレンマを含んだ話を示し、被験者に対して「ハインツはどうすべきだと思うか」「なぜそう思うか」などの問いを重ね、それらに対する回答を分析して、私たちの道徳判断の特徴や発達を明らかにしていった。

2 道徳発達の6段階

コールバーグは、被験者が出した結論や、被験者が注目する具体的な事柄ではなく、結論の根拠として挙げる理由や、結論を導く論理に注目して分析した。例えば、「警察に逮捕されるから盗むべきではない」と被験者が述べた場合、「悪い」という結論や「警察」「逮捕」という個別の言葉に注目するのではなく、なぜ警察に逮捕されることを悪いと考えたのか、なぜ理由として「警察」「逮捕」という言葉を用いたのかを、質問を重ねつつ探っていったのである。コールバーグの用語では、前者のような具体的な言葉や結論を判断の「内容」といい、後者の理由や論理を判断の「形式」という。「形式」に着目して、コールバーグは、私たちの道徳判断が第一段階から第六段階まで、6つの段階を経て発達することを示した（表Ⅰ-4-1）。

この6段階は2段階ずつまとめられて、「慣習的水準以前」「慣習的水準」「慣習的水準以降、自律的、原理化された水準」の3水準に整理されている。水準の名称からわかるように、6つの発達段階は、慣習的水準を中心に、その前の水準、その後の水準と把握することができる。発達段階の違いはいろいろな面に現れるが、善悪を判断する際に考慮に入れる参照範囲の広さの違

表Ⅰ-4-1　コールバーグの道徳性の発達段階

水準	発達段階	特徴
慣習的水準以前	第一段階	罰と服従への志向
	第二段階	道具主義的な相対主義志向
慣習的水準	第三段階	対人的同調、あるいは「よい子」志向
	第四段階	「法と秩序」志向
慣習的水準以降、自律的、原理化された水準	第五段階	社会契約的な法律志向
	第六段階	普遍的な倫理的原理の志向

いから捉えるとわかりやすいだろう。

3 第一、第二段階

　第一段階（罰と服従への志向）は、当事者の身に直接降りかかる結果に注目して、それを善悪判断の根拠とする段階である。これは、例えば「薬を盗むと警察に捕まって刑務所に入れられるから悪いことだ」という判断に典型的に見られる。ここでは、警察や刑務所が社会の安全を守り安定させるために果たす機能が考慮されているのではなく、それらが備えている力や、それによって当事者に対して不可避に発生する帰結を、善悪の根拠として用いている。この段階では、善悪を判断する際に考慮に入れる範囲が当事者に限られているわけである。

　コールバーグによると、第一段階の判断は10歳頃に典型的に見られ、その後減少していく。もっとも、第一段階の理由づけそのものは大人でも普通に使っている。「ここではスピード違反の取り締まりをしているから、法定速度を守るべきだ」などという判断は、第一段階の判断といってよい。ただ、大人は、現実的に判断する時には第一段階と同じような判断を行うこともあるけれども、ある行為の道徳的な善悪を問われた時には、このような判断だけに基づくことはあまりない。例えばスピード違反がよいことか悪いことかと問われたら、大人は、罰金を課されるという金銭的な問題以上に、交通法規違反／遵守が市民社会に及ぼす影響、違反を取り締まる警察のあり方の問題など、様々なことに言及して自分の結論の根拠とするに違いない。

　第二段階（道具主義的な相対主義志向）は、当事者の身に起こる出来事を、直接的な結果だけではなく、当事者間で様々に波及する帰結や、将来に起こりうる帰結も考慮に入れて、それらを総合して善悪の判断を行う段階である。例えば、「警察に捕まるけど、奥さんの命は救えるから、総合的にはよい」といった判断である。ある意味、道徳判断を、ギブ・アンド・テイクのように、また目的達成のための手段のように捉えている段階である。第一段階と比べれば、道徳的な判断をする際に考慮に入れる範囲が広がっていることがわかるだろう。大人もまた、日常的な場面では絶えずこのような損得計算を

するが、しかし、道徳的な善悪の問題を問われた場合には、損得の問題に還元して、それで検討を終えてしまうことはないだろう。

4 第三、第四段階

　第三段階、第四段階は慣習的水準とまとめられている。コールバーグのデータでは、アメリカでは 13～16 歳前後にこの水準が多く見られる。ここで慣習とは、当事者以外の社会の構成員、社会の構成員が共有している暗黙のしきたり、社会の明示的なルール（究極が成文法）、さらに、「国民」「個人」といった抽象的な概念などを含む、幅の広い概念である。「慣習」というよりも、「社会」（これもかなり幅の広い概念である）と呼んだ方がわかりやすいかもしれない。

　第一、第二段階では、当事者以外の存在は善悪判断の際に参照されなかった。しかし第三、第四段階では、善悪判断を行う際に主として参照されるのは、（当事者を含んでいるが、それ以外の多くの成員を含む）社会である。第三段階（対人的同調、「よい子」志向）の典型的な考え方の例として、「周りの誰からも悪いと非難されるから、薬を盗むのはよくない」という考え方が挙げられる。ここで意識されているのは、当事者以外の（当事者とは利害関係を持たない、一般的な）他者である。第一、第二段階が、当事者に直接・間接的に関わる利害を意識しているのに対して、第三段階では、当事者とは直接関わりのない一般の人々の眼差しが、善悪の判断基準として用いられている。すなわち、善悪の判断基準が、当事者の利害と分離されているのである。当事者にいかに有利なことが起こったとしても、それによって周りの人から非難されるのであれば、その行為は悪い行為である、と判断される。そしてその分、判断は、具体的直接的な帰結から離れた、一般性・抽象性を帯びたものとなる。

　そうはいっても第三段階は、「周りの誰からも」という言葉に見られるように、規範はまだ人間から十分に抽出されておらず、どこか人間とのつながりを持っている。日本語の「世間」という言葉が指し示す社会の捉え方だと考えるとわかりやすいかもしれない。

　それに対して第四段階（「法と秩序」志向）は、善悪の判断基準が人間から完

全に分離し、参照すべき基準として抽出された段階である。この段階になると、具体的個人は、裁判所の判決や行政上の法的判断が法令に基づいて行われる時と同じように、社会システム上の概念に一度置き換えられ、その抽象的な文脈の中の一個人として、善悪判断の思考の対象となっている。ハインツの問題はすでにハインツという個人の問題ではなく、ハインツが置かれたのと同じ立場に立ったあらゆる人の問題である。ハインツと同じ条件で同じ行為をしたすべての人に対して同じ基準を用いて善悪の判断を行うのである。これは、私たちが複雑な社会（直接知り合いでない沢山の人々と、社会のシステムの一員として関わり合いながら暮らしている社会）の中で行う判断である。

5 第五、第六段階

より発達的に上位である慣習的水準以降ではどのような善悪判断が行われるのか。この水準では、よい悪いを判断する際の参照領域が、社会や慣習よりもさらに広がることになる。つまり、自分が属する社会全体に適用されている規範・法律自体を善悪の判断の対象とし、その適否を考えようとする水準ということである。その場合、自分が属する社会に存在する規範は、善悪を判断するために十分な参照基準とはなりえない。より根本的な概念、例えば「人権」「生命」といった事柄が、善悪を判断するための概念となる。アメリカでのデータによれば、16歳以降にこの水準の回答が増える。

第五段階は社会契約的な法律志向の段階である。民主主義は私たちが主権者であり、その合意によって社会のきまり（コールバーグのいう「慣習」）を変えていくことができるという考え方であるが、このもとには、そもそも社会のきまりは私たちが合意して作った（社会契約）という考えがある。新しいきまりを作るためには、既存の慣習に還元しきれない判断基準が必要になり、基本的人権といった概念が構成される。ここでわかるように、第五段階の思考は、既存の社会や慣習に収まらず、その外に出て、さらに広い視野から、社会のあり方を模索するプロセスを含んでいる。

第六段階（普遍的な倫理的原理の志向）は、第五段階で検討した基本的人権などの概念をさらに検討していく段階である。「人権」「生命」などの概念のよ

り根本的な姿、私たちの道徳的思考のあるべき姿など、普遍的な道徳原理を探求しようとする。

6 コールバーグ理論が示唆すること

　以上、コールバーグが示した道徳性の発達段階の概略をたどってきた。この発達段階は、私たちの道徳判断が含む重要な特質を示している。ハインツというある個人がある場面でどのような行動をとるべきか、というきわめて具体的な問題を提示され、それについて考えていたはずなのに、発達段階が進むにつれて、その具体的な課題が、ハインツ個人とは離れ、より広い範囲の事柄を考慮に入れ始め、より抽象的な状況での善悪判断になっていく。その場面での直接的な利害や損得に捉われずに、具体的個人やその人にとっての損得には還元できない善悪の問題を抽出して考え始めるのである。ハインツや彼の妻や薬屋は次第にその姿を見せなくなり、より一般的な、同じ状況に同じ条件で置かれた、匿名の一個人となっていく。そしてそれとともに、考察される善悪の問題は、既存の社会からも離れて、人権、生命、社会のあり方などについての哲学的で抽象的・普遍的思考につながっていくのである。このように、コールバーグは、具体的なモラルジレンマ課題を提示し、そこから、より広く深い抽象的な道徳判断へと進んでいく発達の姿を示した。

　考えてみると、これは不思議である。日常的な場面で、例えば何を食べようかと考える時、そこから生命維持活動の悠久の歴史に思い至ったりすることはあまりないだろう。硬貨の枚数を数える時に、貨幣の本質や数の本質を考えたりすることも普通ないだろう。それが、道徳的な問題に関しては、日常場面におけるきわめて具体的な行動であっても、私たちの思考は深い哲学的思索に向かい始めるのである。この特質は、道徳教育のあり方を考える時に重要になる。

第3節　テュリエル

1　テュリエルの問い

　テュリエルも、コールバーグと同様に、例話を用いて私たちの道徳判断の特徴やその発達過程を明らかにした。テュリエルが研究に用いた代表的な例話と、それに関する5歳児のディビッドの発言を、一部を省略しつつ紹介する。ハインツのジレンマ同様、この例話についても、読者自身だったらどのように答えるかを考えながら読んでほしい。

　質問：　パークスクールについてのお話です。パークスクールでは、もし人をぶったり突いたりしたければ、してもいいことになっています。人をぶったり突いたりしてもいいのです。パークスクールは子どもたちに、他の子をぶったり突いたりしたいときにはそうしてもいいよと言っていいでしょうか。

　ディビッド：　だめ。よくない。

　質問：　なぜだめなのですか？

　ディビッド：　だってされた人は悲しくなるから。そういうことをしたら他の人を傷つけて、他の人を傷つけるのはよくない。

　質問：　グローブスクールという学校があります。グローブスクールでは、もし服を脱ぎたければ、脱ぐことが許されています。グローブスクールは子どもたちに、もし服を脱ぎたければ脱いでいいと、言ってもいいですか、よくないですか？

　ディビッド：　いい。だって、そういうきまりだから。

　質問：　どうしてそういうきまりでいいのですか？

　ディビッド：　校長先生がそうしたいなら、そうできるから。

　質問：　ボブはグローブスクールに通っています。暖かい日で、ボブは校庭を走って暑くなったので服を脱ぐことにしました。ボブはそうしていい？

表Ⅰ-4-2　規則がなくても間違っているとした人数（16人中）

領域	行　為	学年				
		2年	5年	8年	11年	大学
道徳	嘘をつく	16	16	—	—	—
	盗む	16	15	15	16	16
	ぶつ	16	16	16	15	16
	利己的	16	15	15	14	16
社会慣習	教師をファーストネームで呼ぶ	2	0	0	0	0
	女子の更衣室に男子が入る	1	2	1	0	0
	指で昼食を食べる	0	0	0	0	0
個人	晴れた日にテレビを見る	1	0	—	—	—
	男子が長髪にする	0	0	0	0	0

（Turiel［1983：59］）

　　　ディビッド：　うん。そうしたいなら。だってそういうきまりだから。

(Turiel［1983：62］)

　これらの質問に答えるのは容易だろうし、答えを探っているうちに深い思索に進んでいく感じもあまりしないのではないだろうか。これは、コールバーグの例話がモラルジレンマを含んでいて、考えているうちに深い思索に進んでいくのと対照的である。

　パークスクールの話に対しては、幼児から大人までどの年齢層も、「ぶったり突いたりしてはいけない」「そういう規則がある学校はおかしい」と答えた。一方、グローブスクールの話に対しては、どの年齢層も「学校のきまりがそうならば、服を脱いでもいい」「そういうきまりでもいい」というものであった。表Ⅰ-4-2には、様々な例話の結果がまとめられている。

　コールバーグと異なり、テュリエルは、これらの判断が実に素朴に直観的に行われていることを、そして年齢に関係なく一貫していることを示した。

2　3つの領域

　このような結果から、テュリエルは、行為の善悪が関係する事象は、道徳領域、社会慣習領域、個人領域の3領域に分けられると考えた。

テュリエルによれば、道徳領域は、人をぶつ、嘘をつくなど、行為自体が本来的に含んでいる、人に危害を加えるなどの性質によって、よい悪いが定まる領域である。例えば人をぶつことは、その行為自体が人の身体に危害を加えるという性質を持っているので、悪いと判断される。盗みを働くことは、盗むという行為が人の財産を侵害するという性質を持っているので、悪いと判断される。テュリエルによれば、行為そのものの性質に基づく道徳領域の判断は普遍的であり、文化や社会によらず、また年齢によらず、どこで誰が行っても変わることはない。また、ある社会や組織がそれに反する規則を作ることは、例外なく許されないと判断される。

社会慣習領域は、ある社会や組織に存在する規則によって、よい悪いが定まる領域である。ある社会や組織が規則によってある行為を禁止している場合は、それに違反した行為は悪いと判断されるが、そのような規則がなければその行為は悪いとはされない。例えば、先の例話のように、ある学校が裸になることを禁止していれば、その学校で裸になるのはいけないことだが、そのような規則がなければ、その学校では裸になっても差し支えないと判断される。社会慣習領域に関わる行為は、行為の性質にはよい悪いを定める要因はない。したがって、社会慣習領域は、それを禁じる規則を作ることも作らないことも、その社会や組織で決めることができる。社会慣習領域の事柄については、それを禁止する規則を作っても構わないし、それを禁止しないでいても差し支えないと判断される。

個人領域は、ある行為をするかしないかが個人に委ねられている領域である。この領域については、例えばある社会や組織が、その行為を禁じるような規則を作ることはよくないとされる。テュリエルの示した例でいえば、「男子が長髪にする」などがこれに該当する。

表Ⅰ-4-2を見ればわかるように、大人も子どももこの3領域を同じように明確に区別し、そして、3領域のそれぞれについて同じ判断をしている。テュリエルは、これらのことから、私たちのよい悪いに関する判断は3つの領域に分けられること、子どもも大人と同様に3領域を区別し、それぞれの領域について同様の判断を行っていることを示した。

テュリエルの道徳発達理論は、コールバーグのそれとかなり違っているように見えるかもしれない。コールバーグは道徳判断の論理構造が大人と子どもで大きく異なるというが、一方テュリエルは、子どもと大人の判断は基本的に同じであることを強調する（テュリエルも、判断の論理構造には発達段階があることを示しているが、それよりも、判断の結論が大人も子どもも同じであることの方に注目する）。また、コールバーグは、慣習的水準を道徳性の発達段階の中位に位置づけているが、テュリエルによれば、そもそも道徳領域と社会慣習領域とは別々の領域なのであり、一方からもう一方へと進んでいくものではないとされる。

このような違いがあるとはいえ、両理論は矛盾しているわけではない。コールバーグは、テュリエルのいう道徳領域に含まれる規範同士がジレンマを起こしている場面を提示し、それに関する判断を求めた。つまり、コールバーグは、テュリエルの道徳領域に焦点を絞って、そこでの道徳的思考の論理を詳しく示したのである。コールバーグの被験者はハインツのジレンマに悩んだが、これは彼らが、テュリエルが示した道徳領域の規範を持っているからである。普遍的に守らなければならない規範を犯さざるをえない事態だからこそ、彼らは悩んだのである。

また、コールバーグの慣習的水準は、テュリエルの道徳領域内の問題を解決する時の論理構造の特徴を示したものであり、領域の特徴を示したものではない。慣習的水準にいる人が道徳領域の問題を社会慣習領域の問題と捉えているといっているわけではないのである。コールバーグの発達段階は、社会慣習領域や個人領域については直接的には扱っていない。

このように両理論をつないで見ると、両理論が道徳に関して重要な事柄を、互いに補完しながら示していることがわかる。

第4節　道徳教育への示唆（1）

コールバーグとテュリエルから、道徳教育に対してどのような示唆が得られるだろうか。まず、道徳教育を論じる時に私たちが陥りがちな混乱を、両

理論を踏まえて整理してみよう。その後に、道徳教育の具体的方法についての示唆を考えることにしよう。

　道徳教育や道徳の授業に対しては様々な批判がある。例えば、児童生徒から「道徳の授業は、教師が何をいいたいかわかる白々しい授業だ」という意見が出たり、教師・大人から「子どもは何がいいか悪いかはわかっているから、わざわざ授業で教える必要はない」という意見が出たりすることがある。一方で、「価値観は多様で相対的であり、何が正しいかを判断するのは簡単ではなく、道徳を教えるのは難しい」「価値は相対的だから、道徳を教えることは価値の押しつけになりかねず好ましくない」という、道徳教育に対する反対意見もある。

　いずれの反対意見も、それだけを見るとそれぞれもっともな気もするが、並べてみれば、これらの間には矛盾があることに気づく。道徳は子どもにもわかりきった自明なものなのだろうか。それとも、何が正しいかは大人にもわからない難しいことなのだろうか。また、道徳は誰にとっても自明だというのは、道徳は普遍的なものだということだろうか。それとも道徳は相対的なものなのだろうか。

　これらの疑問に対して、コールバーグとテュリエルの理論は明確な反論と回答を示してくれる。

　テュリエルが示すところによれば、子どもは、何が正しいか間違っているかを、大人と同じくわかっている。3つの領域を大人と同様に区別し、道徳領域については、何がいいことかいけないことかを行為の性質から理解している。つまり、子どもは教えられなくても道徳を知っているのであり、そこから考えると、子どもは、道徳の授業はわかりきったことを教えようとしている授業だと思ってしまう側面があることになる。

　一方、その自明な道徳領域の規範同士がジレンマを生じた時、コールバーグが示すように、当然だと思われた規範をただ遵守するだけでは解決することができない、倫理学的・哲学的な問いかけが生まれる。そしてその解決を求める私たちの思考は、個別的具体的な状況を超えて、普遍的な次元へと歩み始める。

このように、道徳は、子どもでもわかりきった面と、大人でも解決し難い深い悩みにつながっていく面の両面を持っているのである。先に示したような道徳教育に対する批判は、どちらかの側面にのみ注目し、もう一方の側面を見ていない意見だということになろう。道徳の持つこの二側面は、道徳教育を考える際に非常に重要なポイントとなる。道徳規範は、「人をぶってはいけない」「嘘をついてはいけない」というような一般的な言明として述べた場合は、子どもにも大人にも自明である。したがって、もし授業で、道徳規範を単なる言明として扱ったら、わかりやすい授業になるだろうが、それは、わかりきったことを扱う白々しい授業になるおそれもある。

見え透いた白々しい道徳の授業は避けるべきである。避けるための方法は2つ考えられる。ひとつは、道徳領域の規範のもとにある行為の重さを感じ取る授業にすることである。道徳領域の規範は、その規範に関わる行為の性質と不可分であるが、それにもかかわらず、言葉としてその規範を扱ってしまえばそれは次第に行為から切り離され、行為の持つ重みから遊離していく。言葉としての規範のもとにある行為の重さを改めて感じ取ることは重要である。ノンフィクション資料や児童生徒作文を用いた授業、ロール・プレイングを取り入れた授業などは、このような、言葉としての道徳規範のもとにある行為の重みを改めて感じ取るための方法である。

道徳領域の規範の重さを感じ取るためには、全く異なった方法も考えられる。すなわち、普遍的で例外がないように見える道徳規範が成り立たないように思われる状況を示して、より深い論理的な検討を促す方法である。モラルジレンマ資料を用いた授業がその典型で、大人もともに悩み考えるような、深い思索へとつながる道徳の授業になりうる。このような授業は、オープンエンドの授業（結論をまとめない授業）となるだろう。結論を出すことよりも、より深く道徳について問い続けることの方が重要だからである。

第5節　ギリガン

最後に、ギリガンの理論を紹介する。

ギリガンは、エイミーという11歳の女児が、ハインツのジレンマに対して次のような回答を示した例を挙げて、論を進める。

　　そうねえ。ハインツは盗んじゃいけないと思うわ。ハインツは、そのお金を人に借りるとか、ローンかなんかにするとか、もっと別の方法があるんじゃないかしら。ハインツは絶対その薬を盗んではいけないわ。でも、ハインツの奥さんも死なせてはいけないと思うし。

　　もし、ハインツがその薬を盗んだら、たしかにそのときだけは奥さんを助けることができるわよね。でも、もしそうしたらハインツは監獄に行かなければならないかもしれないし、そうしたら奥さんは前よりも病気が重くなってしまうかもしれないわ。そうなったら、ハインツは、薬よりもだいじなものをなくしてしまうことになるじゃないの。こんなことはちっともよくないわ。だからハインツたちは人に事情を話して、薬を買うお金をつくるなにか別の方法をみつけるべきだと思うわ。

（ギリガン［1986：44-45］）

ギリガンは、エイミーと同年齢の男児が、コールバーグ理論でよく説明がつく、非常に論理的な第四段階の思考を示していることと対比しつつ、エイミーの回答を分析する。エイミーの回答には、論理的整合性よりも、思い悩む様子が示されている。彼女はハインツと妻との関係に及ぼす影響を考慮し、ハインツがどのような選択を行おうとも、結局何らかの思わしくない結果が生じてしまうことに戸惑い、考えあぐねている。

　コールバーグの基準に従うと、エイミーが示す道徳判断は、当事者に対する帰結や周囲の人々からの評価をめぐってのものであることになり、第二段階、第三段階が混ざっていると判定される。しかしギリガンは、女児の道徳判断をこのように捉えることに異を唱えた。この女児は、自分が直接関わりを持っている人に、きちんと向かい合い配慮をしているか否かという観点に立ってこの状況を考えているのだと、ギリガンは捉えた。ハインツは、たとえどのような選択肢をとっても、妻に対して十分な配慮を行えない状況に立たされているため、エイミーは当惑しているのである。ギリガンによれば、エイミーが示しているのは、論理的な未熟さではなく、自分が関わりを持っ

ている人を深く思いやり配慮することが重要なのにそれができないという辛さであり悩みであるということになる。

　ギリガンは、これを、他者への配慮（ケア）の道徳性と考え、コールバーグが示した普遍的な公正、正義に向かう道徳性とは別の道徳性であると論じた。配慮（ケア）の道徳は、福祉、看護、医療、教育などの分野で重要なものとして広く注目されている。

　またギリガンは、コールバーグの道徳性を男性原理に基づくものと捉え、それに対して、配慮の道徳性は女性原理に基づくものであると論じた。配慮の道徳性はコールバーグの観点からはうまく捉えることができないため、コールバーグの発達段階では低く見られてしまう。ここでいう男性原理、女性原理は、生物的に男性・女性と二分されている概念ではない。男性・女性いずれであっても、それぞれの中に、ギリガンのいう男性原理、女性原理は両方ともに、濃淡の差や、それが行為として表面に現れる場面での違いはあるにせよ、存在している。

　ギリガンの主張を聞くと、コールバーグ理論が扱っていない道徳の側面があることに気づく。モラルジレンマを解消するために論理的に検討を進めてひとつの結論に至り、その結論が示す通りの行為を行ったとしよう。その時私たちはどのような気持ちを抱くだろうか。正しいことをしたと、自信を持っていうことはできるかもしれない。しかしそれにもかかわらず、「この結果、つらい思いをした人がいるだろうが、それはやむをえなかったのだろうか」という、割り切れないような思いがどこかに残りはしないだろうか。配慮の道徳性は、このような気持ち、思いと関係しているといえよう。

　ギリガンはコールバーグ理論を否定しているわけではない。コールバーグ理論を認めつつ、他者への配慮の思いを、コールバーグが示したものとは別の道徳性として示したのである。

第6節　道徳教育への示唆（2）

　ギリガンからは、道徳教育に対してどのような示唆が得られるだろうか。

先ほど述べたように、ギリガンはコールバーグを否定しているのではなく、コールバーグ理論では捉えきれない道徳性があると主張している。道徳教育に対しても、コールバーグが示す道徳教育を補完する示唆を受け取ることができる。すなわち、他者に対する思いやりや気配り、他者との人間関係を重視し育成することをめざした道徳教育の重要性である。

　もっとも、他者の気持ちへの配慮は、日本文化の特質のひとつとされることもあるくらい、私たちになじみ深いところがある。これは、道徳の授業方法にも表れている。道徳の授業の発問の中で最も頻度が高いものは、登場人物の気持ちに注目した発問である。この発問に見られるように、他者の気持ちに注目し、他者に配慮することから、道徳の問題に気づき考察を深めていくという思考方法を用いていることが、私たちにはよくある。その意味では、ギリガンの示唆を改めて強調する必要性は低いともいえる。

　しかしこれは逆にいえば、配慮（ケア）の重要性に注目するあまり、正義・公正の道徳に十分注目できない場合がある、ということでもある。2つの道徳性があり、そして両者の間でモラルジレンマが生じる可能性があることを踏まえて、多様な資料や発問を工夫することが必要である。

参考文献
ギリガン, キャロル著、岩男寿美子監訳『もうひとつの声』川島書店、1986年
永野重史編『道徳性の発達と教育——コールバーグ理論の展開』新曜社、1985年
日本道徳性心理学研究会編著『道徳性心理学——道徳教育のための心理学』北大路書房、1992年
Turiel, E., *The Development of Social Knowledge*, Cambridge University Press, 1983.

道徳教育の方法論的基礎

　道徳教育（moral education）は、道徳性の発達を援助する営みで、道徳性の捉え方によって相異なる道徳教育観が構成される。道徳の指導法は、具体性を欠けば空虚になるがその基盤に関する原理的考察を欠けば盲目となる。そこで本章では、「道徳的価値の内面化」「自主的な価値選択と行為の能力の発達」「道徳的葛藤・判断の段階的発達」の3つに絞って道徳教育に対するアプローチ方法の考え方を説明する。

第1節　道徳的価値の内面化

　ここでは、個人の判断力や心情を規定するに至る道徳的諸価値の内面化について、国内の道徳的価値の項目を取り上げつつ、品性教育と価値の明確化の理論について述べる。

1　日本の道徳における道徳的諸価値

　道徳性は道徳的諸価値の統合体とされ、基本的な道徳的価値を学習する道徳教育は、学習指導要領に道徳の指導内容が示されている。
　私たちが生きている社会の様々な場面では、人々が守るべき社会規範としての道徳があり、その道徳を個人のうちに取り込み、道徳的諸価値を個人の判断力や心情を規定するに至る内面化の営みがある。
　道徳的価値の内面化を促す営みという意味においては、日本の小学校と中学校における「道徳の時間」を中心とする道徳教育が、この立場に立っているといえる。文部科学省は、児童生徒に内面化すべき道徳的諸価値について巻末資料「第3章特別の教科道徳の第2に示す内容の学年段階・学校段階の

一覧」のように示し、小学校低学年で19項目、中学年で20項目、高学年と中学校では22項目の内容を掲げている。

2 品性教育

　1920年代から30年代にかけてアメリカの公立学校で広く採用された品性教育（character education）は、価値の内面化の立場として代表的な教育である。

　この品性教育では、「徳目袋（bag of virtues）」と呼ばれる一連の価値によって道徳教育が行われている。その教育において望ましいとされる価値を、物語や教師の説話を通じて子どもたちの内面化を図ることがめざされている。このような教育の背景には、アメリカ社会の文化が反映され、正直、誠実、勇気とともに市民権、選択の自由といった価値が挙げられてきた。この立場は、先述した道徳的諸価値に挙げられるように、日本の道徳教育においても伝統的な立場として行われている現状がある。同時に、道徳教育における基礎的な過程にもされてきた。つまり、教師、親、一般的な大人としての権威、あるいは教師や親、大人に対する子どもの信頼を拠りどころとしながら、社会の中で蓄積されてきた道徳的諸価値を物語や説話によって、日本の道徳教育においても用いられてきているのである。

　しかし、この立場には、人を教え、よい影響を与えて善に導くこととする教化（インドクトリネーション）に対する危険性をはらんでいる。例えば、伝えようとする諸価値が伝える側によって意図せずして恣意的になってしまう、また指導方法が子ども自身にとって諸価値の再発見や再創造を促すようなものにならず、むしろ教師や親が自分自身の価値を子どもに押しつけるといった状況が生じるといったことである。このような時、この立場に立った道徳教育では、本来めざそうとしている道徳教育を変質させてしまうことになってしまう。さらに、アプローチの方法の問題点として、徳目の定義に関する個人の見解において相違があることにも注意しておきたい。例えば、ある人の「高潔さ」は他の人にとっては「頑固さ」や「自己中心的」となる。また、ある人にとっての「正直さ」は、「率直に感じたままをいう」ことであり、別の人にとっては「人の気持ちに対する鈍感さ、配慮のなさ」になるといっ

たことである。

　そこで、これらの状況に陥らないようにするためには、インドクトリネーションにおいて、内面化が期待される諸価値の普遍性の追求が課題になるということを理解しておくことが肝要になる。別の言い方に置き換えると、現代の民主主義社会において人間尊重（人権尊重）は、個別的諸価値を貫く原則になるということを強く認識しなければならないといえるのである。要するに、お互いに、個人の意見や考え、価値が尊重されなければならないのである。また、この点に関して、授業者である教師は、子どもによる価値の再発見と再創造を保障するような指導方法の探求をすると同時に、個人の価値の見解の違いを課題として捉えながらも、集団や個に応じた細やかな配慮と指導の工夫が求められる。つまりは、内面化されるべき価値の内容の普遍性と指導方法の民主性が求められることになってくるといえるのである。

3　ラスやハーミンなどによる「価値の明確化」理論

　次に、品性教育のインドクトリネーションといった問題について解決しようとしたラスやハーミンらの考えについて説明する。

　先述した「徳目」の教え込みによる道徳教育は、望ましい価値の「注入」が目的とされているため、教師による一方的な価値の押しつけであることが、時に批判の的になる。これについては、特定の価値の教え込みを避けながら、人間的な成長をどのようにしたら実現することができるのかということを問題とし、そのうえで品性教育の問題を克服しようとした戦後アメリカの教育思想が発展してきた経緯が重要になる。

　その流れの中で、教育学者のラス（L. E. Raths）、ハーミン（M. Harmin）、サイモン（S. B. Simon）が、社会の著しい変化や不安定さから生じた子どもたちの無気力や無関心を問題に取り上げた。そして、教師や親といった大人の価値を子どもに「注入」するのではなく、子ども自身が主体的な価値の選択ができるように促す教育理論を展開した。その教育理論は、『価値と教授』（Values and Teaching）の中で、「価値の明確化」（values clarification）として提唱された。その中では、価値そのものではなく価値を獲得する過程を重視す

ることが強調されている。そして、ある事柄が価値であるためには、7つの必要条件が重要になってくるとした。それらの必要条件をひとまとまりとしたものが、「価値づけ」(valuing) の過程とされている。それら必要条件を表Ⅰ-5-1に示した。記された7つの必要条件である「価値づけの過程」(valuing process) を通して得られたものが価値と呼ばれている。

そして、表Ⅰ-5-1に示された7つの過程を通して、子どもは自分自身の価値を明確にし、現実生活の中で活用できるようになることを、教育においてめざすとした。この理論は、教える側の教師が価値判断をしないことにより価値の中立性を守ることができる点で、1970年代のアメリカで好意的に教育現場に受け入れられてきた。しかし、1980年代になると、自分の信じる価値だけを偏重してしまう点において、厳しい批判を受けることになった。

先述したように、ラスやハーミンらの理論は、子どもの自主的な「自己決定」を最大限に尊重するものであった。そのため、従来の方法としての道徳的価値の「注入」を回避することはできたが、教師が児童生徒を直接的に形成する社会的関与を基盤に、自己の資質形成をするといった道徳教育における訓育的な機能や教師の指導性を弱体化させてしまうことになった。

そこに登場してきたのが、リコーナ (T. Lickona) をリーダーとする新しい人格教育の考え方である。その考え方は、尊重や責任などという普遍的な道徳的価値を教えるとともに、単に思考レベルにとどまるのではなく、価値を行為の習慣にまで高めることができるような学校コミュニティの形成を求めることまでが含まれていた。この背景には、薬物に関わる事件や性犯罪の発生件数などがアメリカの青年における深刻な問題であったことが大きく影響

表Ⅰ-5-1 価値づけの過程

① 自由に選択すること
② 複数の選択肢の中から選択すること
③ 各々の選択肢の帰結についての十分な考慮の後で選択すること
④ 尊重し、大切にすること
⑤ 肯定すること
⑥ 選択に基づいて行為すること
⑦ 繰り返すこと

している。そのため、クリントン政権（1993〜2001年）とブッシュ政権（2001〜2009年）の時代には、人格教育のために多額の公的資金が拠出され、人格教育の重要性が強調されることになっていった。

第2節　自主的な価値選択と行為の能力の発達

次に、対立する価値の比較や選択が自主的に行われるところに道徳が成立するという基本要件から、道徳教育を自主的な価値選択と行為の能力の発達を促す営みと見る立場について説明する。

1　価値選択と判断

1970年代、この立場に立つ代表的なイギリスの学校協議会の道徳教育プロジェクトチームが開発した「ライフライン計画」を中心に説明する。

「ライフライン計画 the Lifeline programme（命綱計画）」は、「感受性（sensitivity）」と「結果（consequence）」で構成要素が示されている。中でも後者の「結果」は、ある行為から起こりうる結果を予測する能力を指している。また、勝田（1972）は、その構成要素は「自発性」と「知的統制」という2つの言葉で表わされる「自主的な価値選択（と行為）能力」に注目している。子どもの外側に存在する道徳的諸価値から価値選択と行為をするのではなく、子ども自身が持つ能力を最重要視しようという考えである。これについては、「道徳は、慣習や規範と確かに無関係ではない。しかし、慣習や世の中に通用する規範が、矛盾するという事態が、社会の変化とともに起こってくる。古い伝統的な価値に新しい価値が対立する。そういう矛盾や対立に面して、人間ははじめて、道徳的な意識を目覚めさすのである。つまり、自己の責任において、価値を選択する（判断する）という行為に、私たちは、基本的に道徳の意識を見いだすのである」とする勝田（1972）の主張からも説明することができる。この主張にあるように、自分自身が自己の責任において評価した行為の内容を選択することを、「自主的な判断」ということもできる。要するに、道徳的行為が成り立つ基本は、自主的な価値選択であるといえる。

そのため、そこに描かれている理想的な人間像というのは、自己の決断と責任において行動する自律的な個人や人間ともいうことができるであろう。すなわちこれは、近代市民にほかならない。内面化された道徳的諸価値（例えば、「授業に遅刻すべきではない」「赤信号の時は横断歩道を渡ってはいけない」という価値）に何となく従う場合は、自主的な価値選択を行っていないという意味においては、道徳的な観点から低く評価されるということになるのである。

一方で、自己の責任と決断によって行為を選択した場合、選択した行為がたとえ社会的な倫理に反していることがあったとしても（ここでは、その違反の程度は問題にしないこととする）、この場合は高く評価されることになる。ここで気をつけることは、自主性が形式的に、あるいは皮相的に捉えられてしまった場合、それぞれの人にとって道徳が相対的にのみ成り立つということにある。加えて、道徳的価値は普遍性が求められることを鑑み、自主性を科学的な認識と人間的な感情に裏づけられたものとして深めつつ、その自主性と人間的・民主的な価値方向性との結びつきを追求させる必要があるということである。

2　行為の能力

(1)　ソーシャルスキル

ここでは、これまでに敬遠されがちであった心理学で発展してきたスキルトレーニング的な手法としてソーシャルスキルの観点から説明する。

道徳の目標では、自己を多角的・多面的に考え、自己の生き方、人間としての生き方に関する考えを深める学習が、2015年の文部科学省「一部改正学習指導要領」「第3章　特別の教科　道徳」の目標で示されている。そのため、これまでの道徳教育において、スキルトレーニング的な手法が敬遠されてきた経緯があり、深い思考や哲学的な問いといったことがない表面的な行動の形成は道徳教育に適さない（松尾［2016］）、あるいは道徳科教育はトレーニングといった訓練ではないといった理由が指摘されてきた経緯がある。

しかし、現在では多くの学校で授業に取り入れられている。道徳教育でめざす道徳的な判断力、心情、実践意欲と態度は、心理学でいう道徳的な認知

（判断)、感情、道徳的行為の基盤となる動機づけや態度と捉えることができ（松尾［2016］)、このような観点からも近年では、ソーシャルスキル・トレーニング（SST・ソーシャルスキル教育）が小学校から高等学校に広く導入されている。

　SSTは、対人関係を開始し円滑に維持していくことを目的に、その維持していく「何か」をソーシャルスキルという概念で押さえ、具体的な行動を身につけていくことがめざされている。引っ込み思案や乱暴な性格といったように性格のせいにはせず、友だちとどのように関わればよいのかについて具体的に学んでいないから身につけさせればよいという考えがベースにある。そして、対人関係がうまくいかない原因を、①ソーシャルスキルについての知識が不足している、②ソーシャルスキルについて誤った知識を学んでいる、③ソーシャルスキルの知識はあるが、恥ずかしい、自信がないということから行動に移せない、④ソーシャルスキルの知識もあり行動もできるが、状況を把握することができないといった4つとしている。これら4つの原因に応じた関わり方として、①知識不足であれば知識を教えてあげる、②誤った知識を消去し、適切な知識を学ばせる、③動機づけが低いのは成功経験や体験が不足していることが考えられるので、できるだけ機会を与えて誉め、自信を持たせるように関わる、④状況に介入して行動の結果をモニターできるように導いていく、といったそれぞれの原因に応じた対応をしていくことが求められている。

　このような考えに基づいたSSTは、思いやりとされる向社会的な行動を身につけさせることを意図しながら、「聴く」「感情のコントロール」「共感性」などをターゲットスキルとしてすでに高等学校でも行われており、その効果も実証されている（原田［2014］)。そのソーシャルスキルは自己および他者に価値ある方法で相互作用する能力や文化的、社会的に受け入れられる対人目標に向かって自己の認知および行動を統合させる能力などと捉えられ、社会的コンピテンスに含まれる概念とされている。そして、仲間から受容されること、行動的に定義されること、社会的な妥当性を持つことが基準とされている。考え方は、認知行動療法の理論に基づいており、イントロダクショ

ン、モデリング、リハーサル（ロールプレイ）、フィードバックといった流れを持ち、不適応なパターンを消去し、学習によって適応的なパターンを身につけさせることがめざされている。

　ここで、実践編の学習指導案（p.145参照）を参考に、「怒りのコントロール」の回を例に授業の流れを説明する。はじめに、授業の導入として前回までの復習やエクササイズ（体ほぐし）、授業を行ううえでのルール（例：冷やかさない、からかわない、非難しない、叩かない、積極的に参加する）の確認などをしつつ、「怒りをコントロールする」スキルを学ぶ意義を伝えるインストラクションを行う。そして展開では、児童生徒自身の経験を振り返らせて、怒りを感じた時はどんな場面でどのような行動をするかについて気づかせる。この時、教師やティーチングアシスタント（TA）が自身の怒りを振り返って児童生徒に提示するモデルとなる。このモデリングにより、怒りの感情を持つことが悪いのではなく、怒りの感情は誰でも持ち、コントロールできないことで対人関係にトラブルを生じるなどのデメリットに結びつかないようにすることが大事であると確認する。「怒り」の行動につながる様々な感情があり、その感情に対して適切なコントロール方法を身につける必要性を強調する。教師が自身の方法を紹介し（モデリング）、生徒に普段のコントロール方法を確認させた後に、代表的なコントロール方法を教える。そして事例に対する怒りのコントロールを紙上でロールプレイをさせてコントロールについて練習させる（リハーサル）。それらを児童生徒たちで共有しつつ、相手を思いやりながら対人関係を円滑にするためには学んだ怒りのコントロールを使うことが重要であるとフィードバックし、普段の生活で活かすことを勧めて授業が終わる。このように、その人個人の認知に重きを置き、善悪の知識というよりは、対人関係に受け入れられる知識の獲得がめざされている。中でも、モデリングによるポイントの理解やロールプレイによる相手の立場に立って理解するということは、共感性や思いやりの育成に効果的とされており、重要なことでもある。しかし、道徳的諸価値、心情（感情）にまでは教育はなされていない場合が多い。

　この点については、ロールプレイにより社会的視点調整能力を身につけさ

せるとともに道徳的な価値を獲得させる展開として、SST の要素を取り入れた人間関係調整能力の授業が報告されている（松尾・葛西［2015］）。その授業では、「協力すること」「互いの意見を尊重し、より質の高い意見に結び付けること」などの価値の学習等を行いながら、「相手の立場に立ち共感的に想像・理解する能力」「相手の気持ちを尊重しながら自分の意見をきちんという自己表現力」の育成がめざされている。

　要するに、この立場において授業を実施する時には、道徳的諸価値を理解し、それらを大事に思う心があってこその推論能力、ソーシャルスキル、コミュニケーション力の育成となってくる。つまり、これら道徳的諸価値の理解なくしては、どんなに力が高くともその人の内面からあふれ出る思いに裏打ちされた行為にはならない。そして、様々な生活場面における道徳的判断力や心情、実践意欲と態度につながっているとは言い難いことになる。そのため、育てたい資質・能力を明確にし、それを可能とするような価値の学習と活動を伴う学習を効果的に行うスキルトレーニングを実施することが大切になってくると考えられる。

(2)　社会的視点調整能力と対人交渉能力

　次に、対人関係において重要となる社会的視点調整能力と対人交渉能力について説明する。相手の気持ちを適切に理解するようになると相手に対する行動も変化し、その変化の各発達段階において、ある特定の状況に直面した時のことを想定すると時系列の行動の展開が考えられるようになる（表Ⅰ-5-2）。

　対人交渉能力としての行動は、他人を自分に従わせる志向の強い他者変更志向の者は暴力を振るい、自分を他人に合わせる自己変容志向の強い者は逃避することとなり、他人のことを少し考えられるようになっても客観的に考えられないうちは、他者変容志向は一方的に命令し、自己変容志向はただ相手に従う行動をとりがちになる。他者の視点と自分の視点を行きかう理解ができるようになると他者変容志向は説得し、自己変容志向は譲歩するという互恵的になり、第三者的な考え方や、他の集団や立場を正確に把握できるようになる。すると最終的に、互いの欲求を調整できるように行動する段階へと発達していく。

表Ⅰ-5-2　社会的視点調整能力と対人交渉方略

他者変容志向の対人交渉方略	社会的視点調整のコンピテンス		自己変容志向の対人交渉方略
自己の目標を得るために内省的ではなく衝動的に用いる方略（暴力）	レベル0	分化していない／自己中心的	自己を守るために内省的ではなく、衝動的に退いたり服従する方略（「逃げる」）
自己のために他者を統制する一方的な命令を故意に用いる方略	レベル1	分化した／主観的	他者の要求に意志のない服従をする方略
他者の心を変えるのに心理的な影響力を意識的に用いる方略	レベル2	互恵的／自己内省的	他者に対する自分の要求を調整して心理的に従順でいる方略
相互に受け入れられる目標を達成するためにはじめの目標に固執しないことを主張する方略	レベル3	相互的／第三者的	相互に受け入れられる目標を構成するためにはじめの目標に固執しないことに賛同する方略
	レベル4	「親密／深い」／社会的	
相互的な目標を持ち、新しい考えを創造し、自己と他者の双方のための目標を協力して掲げる。そのために内省し、考えを共有する方略			

　さらに、各発達段階における社会的視点調整能力は次の4つのステップを通ると考えられている。第一に、相手と意見がかみ合わない時にいったい何が原因でこんなにもめるのかといったトラブルの状況を捉える問題の定義の段階（レベル0）である。第二に、どうやってこの場をよりよい方向にしたらよいだろうと解決方法をいろいろと考える段階（レベル1）である。その次に、この中のどの方法が一番よいだろうかと考え（レベル2）、よりよい方法を選択決定する段階（レベル3）となり、最後に実行した結果を評価する段階（レベル4）に至る。このような各段階のそれぞれが成熟していくように支援されていくことが必要であろう。

　以上により、この立場に特徴的なことは、その能力を構成する要素について、分析的に把握されているところにある。さらに、道徳教育は学校内外の全教育活動を通して行われることが前提であることからも、道徳性を総合的な能力として捉える時には、その能力が構成されている要素を明らかにすることが大事になってくる。例えば、道徳性の一構成要素としての共感性の発

達は、国語における筆者の意図といった文学における読み取りの教育が関わり、同様に、一構成要素としての科学的・合理的知性の発達には先を見通して仮説を立てて検証する科学教育が関わってくる、などである。また、相手の話を聴くということは、対人関係や体験活動、授業の話し合いにおいても必要不可欠になってくる。

第3節　道徳的葛藤・判断の段階的発達

　道徳性ないしは道徳判断を段階的に発達するものとして捉え、その段階的な発達を促すことを道徳教育と見る、ピアジェ、ブル、コールバーグといった代表的な3名の心理学者の理論を紹介する。

1　ピアジェ

　10歳頃がひとつの節目であるとする道徳的評価・判断として「他律的な段階から自律的な段階へ」移行する段階説について説明する。
　集団生活を送るうえで何がすべき（すべきではない）ことで、何が許される（許されない）ことかを評価・判断することは重要である。ピアジェはそうした評価・判断に関して、大人が決めた規則への絶対的服従である他律的道徳性の段階から、規則を尊重しつつ仲間との合意を得ながら規則を修正することができる自律的道徳性の段階へと移行すると考えた。さらに、故意と過失・盗み・嘘・正義といった道徳に関わる問題である善悪の判断を行う際も、8〜9歳くらいにひとつの節目があるとし、客観的な判断である結果論的な判断から主観的判断である動機論的な判断へ移行すると考えた。

2　ブル

　ピアジェの修正を意図して考えられた発達段階（4段階説）「無道徳（アノミー）→他律→社会律→自律」を説明する。
　アノミー段階とは、内面化した道徳感情である良心の証拠は全く見られないが、少し進むアノミーの段階では、良心の起源が罪の発覚とそれに続く処

罰への恐怖と不安の中にわずかな芽として存在しているとされている。

他律段階では、行為の抑制が、親、教師、警察といった大人の威厳からくる処罰と報奨とされている。罪の発覚をおそれる感情が生じ、それが次第に罪責という内的不安、内的不快感へと変化し、やがてそれが良心へ発達するとし、自律段階の良心の源として重要な段階であるとした。

社会律段階では、道徳的行為の抑制が社会的賞賛と社会的非難であるとし、相互性の原理が強く働く段階である。また、この段階で生じた処罰の恐怖は、たとえ罪が発覚しなくても罪責感情として子どもの心に残るようになるとされている。

自律段階では、道徳的行為の抑制が内面化する、つまり良心の声（内的感情）となる段階である。この良心は、してはいけないという自我の禁止を行う消極的な超自我と、同一化を行いながら道徳性を発達させていく過程で自我のあるべき姿として描いた心像である自我理想の2つの側面を持つとする。同時に、良心の声に従って大人の処罰や報奨、社会的賞賛や社会的非難に影響されずに道徳的判断を自身でする時でもある。しかし、子どもは状況によって質的・量的にも限定され、ある状況で道徳的判断を行ってもまた別の状況では未熟な道徳的判断を下すことも少なくない。

子どもの道徳的判断の発達は、家庭内の人間関係、家庭でのしつけの型、学校、社会や経済、宗教、知能、性といった個人の環境要因に影響されるとした。

3 コールバーグ

ピアジェの考えをさらに発展させ、道徳的推論は幼児期から青年期への異なる段階を経て発達するとした考えと教育方法を展開した。

コールバーグは、道徳教育の目標を道徳判断の段階的発達を促すことと定義し、3つの水準、6つの段階からなる段階説を唱えた（第4章 p.51 参照）。

認知的な道徳性発達プロセスの図式化とそれを測定する実践的な方法は、道徳性心理学への貴重な貢献となり、後世に残る貴重な業績になったといえる。その理論を道徳教育に応用する試みは、ほとんど成功しなかったが、道

表Ⅰ-5-3　コールバーグが挙げた道徳的諸段階

第一段階	罰の回避：	「私は問題に巻き込まれるかもしれない」
第二段階	報復による公正：	「私にとってどういう利益があるのか」
第三段階	人間関係による忠誠心：	「人は自分についてどう思うか」
第四段階	より大きな結果への懸念：	「皆がそれをしたらどうなるか」

徳的推論による教育方法の中心となっているのは、モラルジレンマについての議論である。そこでは、児童生徒たちがいくつかの妥当な選択肢の中から最善の行動の仕方を識別するよう求められることで道徳性について考えさせている。

ここでモラルジレンマの例を紹介する。その道徳的諸段階は、表Ⅰ-5-3 に示す。

モラルジレンマ〈中学生向け　例〉

シャロンとジルは、とても仲のよい友達でした。ある日二人は一緒に買い物に出かけました。ジルはセーターを試着した。シャロンが驚いたことに、ジルはそのセーターをコートの下に着たまま足早に店から出ていった。しばらくして、店の警備員がシャロンを止め、今歩いて出て行ったばかりの少女の名前を言うように求めた。彼は店主に、二人の少女が一緒にいたところを見ており、万引きをして立ち去ったのは、このうちの一人に間違いないと言った。店主は言った。「さあ白状しなさい。友達の名前を私たちに言わないと、あなたは困ることになりますよ。」シャロンはジルの名前を店主に話すべきでしょうか。どうして話すべきですか。あるいはどうして黙るべきですか。　　（リコーナ［2001：261］）

上記のようなモラルジレンマ課題に対しては、道徳的推論においては、善し悪しを子どもたちに与えることができない。その代わりとしてモラルジレンマにおいては、道徳的推論のプロセスそのもの自体を刺激して、存在しうるいくつかの選択肢を、児童生徒により明確に認識させる働きをする。そして、道徳的推論では、児童生徒が自分の選択に達するまでのプロセスを、選択そのものよりも重視する。つまりは、児童生徒にモラルジレンマを提示し、児童生徒の回答を一緒に議論させることが、児童生徒の道徳的推論をより高い段階へと発達させる刺激になると考えられているのである。

では、教育効果のある道徳的推論による教育法の適切性は、どうしたら担保されるのであろうか。この点について以下の4つのことを考えることができる。

　①　教師が児童生徒の考えの中に入っていくことによって、道徳的問題に対して、児童生徒がどう考えているのかといったことを理解することを可能にしている。つまりは、教師が児童生徒の認知レベルに応じて道徳的発達を促すと考える時、この教育方法は非常に効果的な方法のひとつであるといえる。

　②　この方法により、児童生徒は、自分自身の考え方に、「耳を傾ける」ことをし、それについて批判し、反省することが可能となる。児童生徒は、他の人の推論にも耳を傾け、自分がもっとこうありたい、なりたいと思う人になるために、どの推論が最も役に立つかを考えることができるようになる。

　③　道徳は常に白黒と明確に割り切れるとは限らず、いくつかの善から選択することが求められる。この教育方法では、そのような日常的な体験に対して適合しているといえ、問題解決に向けた判断と態度を養うことが可能である。

　④　道徳的推論は、理性的原理に立脚している。そのため、教師は多様な判断を比較し、評価しながら、児童生徒の議論を指導することができる。

　一方でこの立場は、これらの段階説の普遍的妥当性の検討がいまだなお、明らかとされていない。そのため今後に残された課題とされている。同時に、ある段階から次の段階へと移行（発達）する際の契機となるものも明らかとされていない。例えば、幼児の自発的な活動としての遊びは心身の調和のとれた発達の基礎を培う「ピアジェの協同活動」、道徳的な価値葛藤を集団討議（話し合い）によって解決に導く過程を通して、子どもたちの道徳的判断力を育て、道徳性をより高い段階に発達させることをねらいとした「コールバーグのモラル・ディスカッション」などがそれにあたる。また、これ以外に、道徳的判断をする際の「理由づけ」と判断の結論を切り離さずに問うことが重要になってくる。

　以上より、道徳教育の基礎的方法として、道徳教育に対する3つのアプロー

チ方法の考え方を紹介した。道徳の指導法は、アプローチの方法という具体性を欠くと空虚になり、その基盤に関する原理的考察を欠くと盲目になる。つまり、道徳科の授業をするにあたっては、教育の方法論的理論と技法の基礎を理解しておくことが重要になる。どちらか一方に偏って道徳の指導が展開されるのではなく、どちらの視点をも欠かさずに展開することが求められている。

参考文献
勝田守一『勝田守一著作集4』国土社、1972年、p.467
小泉令三・山田洋平『社会性と情動の学習（SEL-8S）の進め方——中学校編（子どもの人間関係能力を育てる SEL-8S）』ミネルヴァ書房、2011年
原田恵理子『高校生のためのソーシャルスキル教育』ナカニシヤ出版、2014年
松尾直博「道徳性と道徳教育に関する心理学的研究の展望——新しい時代の道徳教育に向けて」『教育心理学年報』第55集、2016年、pp.165-182
松尾康則・葛西真紀子「児童生徒の人間関係調整力の育成に関する研究——人間関係調整力の定義と、育成プログラムの開発を通して」『鳴門教育大学学校教育研究紀要』第29巻、2015年、pp.139-149
リコーナ,トーマス著、水野修次郎監訳・編集『人格の教育』北樹出版、2001年
渡辺弥生・原田恵理子編著『中学生・高校生のためのソーシャルスキル・トレーニング』明治図書出版、2015年
Raths, L., Harmin, M., Simon, S., *Values and Teaching*, C. E. Merrill Books, 1966（遠藤昭彦監訳『道徳教育の革新——教師のための「価値の明確化」の理論と実践』ぎょうせい、1992年）

II

実 践 編
―― 道徳の指導法

学校教育における道徳教育

第1節 教育課程における道徳教育の位置づけとその目標

1 教育課程における道徳の位置づけ

　教育課程は「カリキュラム」(curriculum) の訳語である。カリキュラムはラテン語の「クレレ」(currere) を語源としており、もともと「走るコース」と「走ること」それ自体を意味していた。これを教育にあてはめたものがカリキュラムで、学習者が目的（ゴール）に向かってたどる課程（コース）と、その課程で行う活動や経験を意味している。一般的には、教育課程（カリキュラム）は、一定の教育目的・目標を達成するために、教育内容を選択し、組織した教育計画と理解されている。学習指導要領（幼稚園教育要領）は、小・中・高等学校（幼稚園）の教育課程編成に関する国の基準である。教科書は、この学習指導要領に準拠して作られている。

　学校教育における道徳教育の教育課程上の位置づけはどうなっているのだろうか。1958年の「道徳の時間」特設以来、学校教育における道徳は、教育課程における教科ではなく「領域」として位置づけられてきた。「道徳の時間」が教科ではない理由として、教科書がないこと、数値等による評価を行わないこと、（中等教育では）教科別の教員免許状がないことが指摘されている。2015年3月、小・中学校の学習指導要領の一部改正が告示され、「道徳の時間」が「特別の教科　道徳」となることになった。この一部改正学習指導要領は、小学校では2018年度から、中学校では2019年度から完全実施される予定である。

文部科学省は、2015年学習指導要領の改正点を次の6点に整理している（文部科学省初等中等教育局教育課程課「『特別の教科　道徳』設置の経緯と概要」『別冊初等教育資料』第931号、2015年）。①「道徳の時間」を「特別の教科　道徳」として新たに位置づけたこと。②道徳教育並びに「特別の教科　道徳」の目標を明確で分かりやすいものに改善したこと。③道徳の内容を発達の段階を踏まえた体系的で分かりやすいものに改善したこと。④問題解決学習をはじめとする多様で効果的な指導方法の積極的な導入を明記したこと。⑤検定教科書を導入すること。⑥一人一人のよさを伸ばし成長を促すための評価の充実をはかったこと。

　さて、「特別の教科」とはどういう意味だろうか。「教科化」によって、道徳にも検定教科書が導入されることになったが、道徳の特性から「数値などによる評価は行わないものとする」とされ、道徳科の教員免許状も設けられず授業はこれまでと同じく学級担任が行うことが原則とされる。これらのことが「特別の教科」とされる理由である。

　本節では教育課程における道徳教育の位置づけとその目標について概説する。学校教育における道徳教育について深く理解するためには、教育課程編成の国の基準である学習指導要領の内容を知っておかなければならない。

2　道徳教育の目標

(1)　学校における道徳教育

　小・中学校学習指導要領（以下、特に断りがない場合は、2015年一部改訂の学習指導要領に基づく）の「第1章　総則」の「第1　教育課程編成の一般方針」では、学校における道徳教育を次のように示している（下線は筆者）。

> <u>学校における道徳教育は、特別の教科である道徳（以下「道徳科」という。）を要として学校の教育活動全体を通じて行うもの</u>であり、道徳科はもとより、各教科、総合的な学習の時間及び特別活動のそれぞれの特質に応じて、児童（［中学校］生徒）の発達の段階を考慮して、適切な指導を行わなければならない。

　2015年一部改訂の小・中学校学習指導要領解説「総則編（抄）」では、道

徳教育について、「人格形成の根幹に関わるものであり、同時に、民主的な国家・社会の持続的発展を根底で支えるものでもあることに鑑みると、児童（［中学校］生徒）の生活全体に関わるものであり、学校で行われる全ての教育活動に関わるものである」と明記している。

　1958年の「道徳の時間」特設以来、道徳教育は「学校の教育活動全体を通じて行う」指導（全面主義）と「道徳の時間」の指導（特設主義）の二階建て構造として設計されてきた。2015年の一部改正学習指導要領でも「学校における道徳教育は、特別の教科である道徳を要として学校の教育活動全体を通じて行うもの」とされ、全面主義と特設主義による道徳教育の方針や進め方が引き続き維持されている。そうした理由は、「教育基本法をはじめとする我が国の教育の根本理念に鑑みれば、道徳教育は、教育の中核をなすべきものであり、学校における道徳教育は、学校のあらゆる教育活動を通じて行われるべきものであ」り、「道徳の時間を要として学校のあらゆる教育活動を通じて行うという道徳教育の基本的な考え方は、適切なものであり、今後も引き継ぐべきと考え」（中央教育審議会「道徳に係る教育課程の改善等について（答申）」2014年）られるからである。

　さて、学校教育は教育基本法を礎として進められる。教育基本法第1条には、「教育は、人格の完成を目指し、平和で民主的な国家及び社会の形成者として必要な資質を備えた心身ともに健康な国民の育成を期して行われなければならない」と教育の目的が明記されている。教育の目的は、「人格の完成」であるが、道徳教育では、人格的特性であり人格の基盤となる「道徳性を養う」ことを目標としており、両者のめざす方向性は同じである。また、同法第2条においては、その目的を実現するための目標を5項目にわたって示している。そこでは、旧法（1947年）から存在する目標である個人の価値の尊重、正義、責任などに加えて、新法（2006年）では主体的に社会の形成に参画すること、生命や自然を大切にし環境の保全に寄与すること、伝統と文化を尊重し我が国を愛し、他国を尊重し、国際社会の発展に寄与することなどが新たに明示された。これらを見ても、教育基本法が人間形成の基盤を規定し、道徳教育の充実の方向性を示していることがわかる。学校における

道徳教育は、これらの主旨の実現に向けて取り組まれる必要がある。

1996年7月の中央教育審議会「21世紀を展望した我が国の教育の在り方について」の第一次答申は、これからの学校教育のあり方を展望し、「ゆとり教育」の中で、子どもたちに「生きる力」を育んでいくことが基本であると提言した。これを受けて、1998年12月、小・中学校の学習指導要領が改訂された。道徳教育の推進にあたって、ボランティア活動や自然体験活動などの豊かな体験や道徳的実践の充実が求められた。子どもたちに必要とされる「生きる力」の要素である「豊かな人間性」について、次のような感性や心などの道徳的価値であることを示した（中央教育審議会「新しい時代を拓く心を育てるために（答申）」1998年）。

① 美しいものや自然に感動する心などの柔らかな感性
② 正義感や公正さを重んじる心
③ 生命を大切にし、人権を尊重する心などの基本的な倫理観
④ 他人を思いやる心や社会貢献の精神
⑤ 自立心、自己抑制力、責任感
⑥ 他者との共生や異質なものへの寛容

文部科学省や中央教育審議会が「心の教育」という表現を用いたのはこれが最初であるといわれている。広く豊かな心に関わり豊かな人間性を育む教育として「心の教育」があり、その基盤として道徳性を育む「道徳教育」が位置づけられ、その「要」として、「特別の教科　道徳」が内面的な資質としての道徳的実践力を育む関係にあるということができる。

(2) 学校における道徳教育の目標

学校における道徳教育は、どのような目標のもとに進められるのか。学習指導要領は、小・中学校ともにその「第1章　総則」の「第1　教育課程編成の一般方針」の2で道徳教育の目標を次のように記している（下線は筆者）。

道徳教育は、教育基本法及び学校教育法に定められた教育の根本精神に基づき、自己の生き方（[中学校]人間としての生き方）を考え、主体的な判断の下に行動し、自立した人間として他者と共によりよく生きるための基盤となる道徳性を養うことを目標とする。

学校における道徳教育の目標は、「道徳性を養う」ことである。その道徳性は、道徳的判断力、道徳的心情、道徳的実践意欲、道徳的態度、道徳的行為、道徳的習慣の諸様相で構成される。道徳性は、「人格的特性」であり、「人格の基盤」となるもので、人間としてよりよく生きようとする思考や判断、行動などの道徳的行為を可能にする。道徳性とは、自分の生き方を主体的に考え、追求し、自立した人間となり、皆でよりよい社会を創造していくことを根底で支えるものであるということができる。

　「自己の生き方」(小学校)・「人間としての生き方」(中学校)という表現に端的に示されているように、道徳科は「生き方」について考える学習である。小学校では、そのことを「自己の生き方」と表現し、身近な生活や体験も含む生き方の中で、伸ばしたい自己を深く見つめられるようにしていくことを求めている。また、中学校では生きるうえでの道徳的価値を支えにして生きる意味や自己の存在価値について問い、ひとりの人間としてどう生きるかについて深く考えることを求めている。道徳教育は、まず人間としての自分らしい生き方について考えられるようになること。そして、自分らしい生き方を具体的な生活や学習活動などにおいて追究していくこと(行動していくこと)を通して、社会的に自立した人間となっていくことを求めている。つまり、道徳教育は自律的に道徳的実践のできる人間の育成をめざしており、学校を人格形成の場としていくことをめざしているのである。

　このように学校における道徳教育は、自己の生き方を考え、主体的な判断のもとに行動し、自立した一人の人間として他者とともによりよく生きるための基盤となる道徳性を養うことを目標とする教育活動であり、社会の変化に対応しその形成者として生きていける人間を育成するうえで重要な役割を持っている。それゆえ、道徳教育の目標は学校や生徒の実態をもとに設定されて達成されるべきもので、道徳科を要に各教科、総合的な学習の時間、特別活動の固有の目標や特質に応じつつ、各々において道徳教育が推進され相互に関連が図られるように学校の教育活動全体を通じて行う必要がある。その結果、道徳性は児童生徒の将来の夢や希望、人生や未来を拓く力の基盤となりうるのである。そのため各学校は道徳教育に計画的に取り組む必要があ

る。

　さて、その道徳科はどのような目標を持ち、学校全体で行う道徳教育の中でどのような方向性と役割を持つのか。学習指導要領では、道徳科の目標について、小・中学校ともに第３章の第１「目標」にほぼ同様の主旨として次のように記している（下線は筆者）。

> 　第１章総則の第１の２に示す道徳教育の目標に基づき、<u>よりよく生きるための基盤となる道徳性を養う</u>ため、<u>道徳的諸価値についての理解を基に、自己を見つめ物事を（［中学校］広い視野から）多面的・多角的に考え、自己の生き方（［中学校］人間としての生き方）についての考えを深める学習を通して</u>、道徳的な判断力、心情、実践意欲と態度を育てる。

　道徳科は、「よりよく生きるための基盤となる道徳性を養う」ものである。そして、道徳教育の要としての役割を果たすために、「道徳的諸価値について理解」を深める必要がある。道徳的諸価値は人間の特質を表すことから、これは人間理解を深めることになる。そのことをもとにして、「自己を見つめる」。道徳の授業では、道徳的諸価値に照らして自己を見つめるのである。それは、道徳教育の目標にある「人間としての自分の生き方を考える」基本となる。さらに、道徳科では、道徳的諸価値の理解をもとに、「物事を多面的多角的に考え」ていく。それは、道徳教育の目標の「主体的に判断し行動」するための基本であると捉えられる。こうしたことを押さえて、人間としての自分らしい生き方についての考えを深めていくのが道徳科である。

　そのことを通して、道徳性の根幹にある道徳的判断力、心情、実践意欲と態度を養っていく。もちろん、これらは分けられるものではない。道徳的な心情をしっかり押さえた道徳的判断力が求められるのであり、その判断が実践へとつながっていくように実践意欲と態度を高めていくのである。このようにして生まれる道徳性は、日々の生活や学習活動と響き合って、さらに磨かれることになる。

　「道徳的判断力」は、道徳科の目標用語の中心とでもいうべきものである。道徳的判断力について、次期「小・中学校学習指導要領解説　特別の教科

道徳編」では、次のように解説されている（下線は筆者）。

> <u>道徳的判断力</u>は、それぞれの場面において善悪を判断する能力である。つまり、人間として生きるために道徳的価値が大切なことを理解し、様々な状況下において人間としてどのように対処することが望まれるかを判断する力である。的確な道徳的判断力をもつことによって、それぞれの場面において機に応じた道徳的行為が可能になる。
> <u>道徳的心情</u>は、<u>道徳的価値の大切さを感じ取り、善を行うことを喜び、悪を憎む感情</u>のことである。人間としてのよりよい生き方や善を志向する感情であるとも言える。それは、道徳的行為への動機として強く作用するものである。
> <u>道徳的実践意欲と態度</u>は、<u>道徳的心情や道徳的判断力によって価値があるとされた行動をとろうとする傾向性</u>を意味する。道徳的実践意欲は、道徳的判断力や道徳的心情を基盤とし道徳的価値を実現しようとする意志の働きであり、道徳的態度は、それらに裏付けられた具体的な道徳的行為への身構えと言うことができる。

(3) 道徳教育を進めるにあたっての留意事項

学校教育における道徳教育の基本は、児童生徒の発達の段階を考慮して適切な指導を行うことである。道徳教育は学校内外の教育活動全体の中で推進されるので、様々な視点に配慮していくことが重要になる。学習指導要領「第1章　総則」の第1の2の目標部分に続く後段に示すものを参考にするならば、例えば、次の配慮事項を挙げることができる。

> 道徳教育を進めるに当たっては、人間尊重の精神と生命に対する畏敬の念を家庭、学校、その他社会における具体的な生活の中に生かし、豊かな心をもち、伝統と文化を尊重し、それらを育んできた我が国と郷土を愛し、個性豊かな文化の創造を図るとともに、平和で民主的な国家及び社会の形成者として、公共の精神を尊び、社会及び国家の発展に努め、他国を尊重し、国際社会の平和と発展や環境の保全に貢献し未来を拓（ひら）く主体性のある日本人の育成に資することとなるよう特に留意しなければならない。

第2節　道徳の内容とその指導の変遷

1　「道徳」の内容の変遷

(1)　1958〜1977年の学習指導要領

　小・中学校の教育課程に「道徳」という領域が位置づけられたのは、第3章で詳しく論じたように、1958年の学習指導要領からである。

　1958年改訂の小学校学習指導要領では、「道徳の時間」の「具体的な目標」について、①「日常生活の基本的行動様式」、②「道徳的心情・判断」、③「個性伸長・創造的生活態度」、④「民主的な国家・社会の成員として必要な道徳的態度と実践的意欲」の4つの柱を挙げ、36項目の内容を示した。中学校学習指導要領では、①「道徳的な判断力」、②「道徳的な心情」、③「創造的、実践的な態度と能力」の3つの柱が立てられた。

　その後、小学校では1968年、中学校では翌1969年に学習指導要領が改訂された。道徳の目標について、「その基盤としての道徳性を養う」との文言が付加された。「道徳の時間」に関しては、「各教科および特別活動における道徳教育と密接な関連を保ちながら、計画的、発展的な指導を通して、これを補充、深化、統合して」というように、文言の修正が行われた。1977年の小・中学校学習指導要領の改訂では、「道徳の時間」の目標に、新たに「道徳的実践力を育成する」ことが付加された。

(2)　1989〜2008年、2015年一部改訂の学習指導要領

　1989年の小・中学校学習指導要領の改訂では、道徳の目標に、「生命に対する畏敬の念」の育成が追加され、主体性のある日本人の育成が強調された。「道徳の時間」の目標としては、「道徳的心情を豊かにすること」が付加された。

　小・中学校の道徳の内容は以下の4つの視点で分類整理されるとともに、「内容」の重点化が図られ、発展的・系統的な指導が充実するよう配慮された。

　「1　主として自分自身に関すること」「2　主として他の人とのかかわりに

関すること」「3　主として自然や崇高なものとのかかわりに関すること」「4　主として集団や社会とのかかわりに関すること」。

その後、1998年と2008年の改訂、2015年の一部改訂では、個々の「内容項目」の追加、表記に変更はあったものの、「内容」の4つの視点は維持されている。

2　道徳の内容とその指導

(1)　学習指導要領における道徳の内容

道徳科では、道徳的価値を具体的に表現した「内容」について4つの視点がある。4つの視点とは、「A　主として自分自身に関すること」「B　主として他の人とのかかわりに関すること」「C　主として自然や崇高なものとのかかわりに関すること」「D　主として集団や社会とのかかわりに関すること」である。また、それぞれの視点ごとに、学年段階ごとに22項目の「内容項目」が掲げられている（巻末資料「第3章　特別の教科道徳の第2に示す内容の学年段階・学校段階の一覧」）。これらは学校教育全体を通しての道徳教育の内容でもあることが明記されている。こうした「内容」の示し方は、道徳教育のあり方も示している。道徳性は、日常生活における様々な関わりを通して身につくものである。その基本的なものが、「自分自身に関すること」「他の人とのかかわりに関すること」「自然や崇高なものとのかかわりに関すること」「集団や社会とのかかわりに関すること」だということである。これらの関わりを豊かにしていくことによって育まれる道徳的価値意識を、発達段階を考慮して示したのが「内容項目」である。2015年一部改訂により、内容について、いじめ問題への対応の充実や発達の段階をより一層踏まえた体系的なものに改善された。

各教科等における道徳教育では、それぞれの授業において、これらの4つの関わりを教材や様々な学習活動を通して豊かにしていくことが必要である。道徳科の授業では、それぞれの道徳的価値を人間としてよりよく生きるという視点から捉え直し、自己の成長を実感するとともに、これからの課題を確認し、追い求めようとする意欲、態度を育てるのである。

(2) 新しい道徳科の指導方法——価値注入型から「考え・議論する道徳」へ

　伝統的な道徳の指導方法のあり方は、学習指導要領に記されている内容、すなわち道徳的価値を教え込むことを目的にしながら、心情面に焦点化し、読み物資料を用いて、導入・展開・終末の指導過程で展開するスタイルであり、これが「基本型」であると理解されてきた。しかし、こうしたあり方は「教材を読むことに終始している」と道徳授業の形骸化を指摘する声が少なくなかった。

　「基本型」の道徳教育の指導法への反省から、道徳科では、共感や感動など児童生徒の心情に訴えかけることを主軸とする心情主義から脱却し、具体的な行動の技法なども道徳の授業の内容に取り入れていこうとする方向性が強く示されている。とりわけ、問題状況にどう対応するかに焦点を置き、様々な価値観や生き方を主体的に創造するところに特徴があり、「考える・議論する道徳」・考えさせる授業の展開をめざすものとなっている。また、「何を知っているか」だけでなく「知っていることを使ってどのように社会・世界と関わり、よりよい人生を送るか」の資質・能力にまで引き上げることをめざすとしており、教師は今まで以上に多様な展開と指導方法の工夫が求められている。

3　道徳科の内容の取扱い

(1) 関連的、発展的な取扱いの工夫

　道徳科の内容項目について、実際の指導にあたっては相互の関連性と発展性を考慮することで、その効果を高めることができると考えられる。道徳科の指導では、項目間の関連も考慮しながら、指導の順序や内容の関連づけを工夫することにより、学習を一層深めたり幅に広がりを持たせたりすることが可能になる。

　また、児童生徒の発達の段階を踏まえた指導を構想するためには、内容の発展性を理解しておく必要がある。ピアジェの研究によると道徳性の発達は基本的には他律から自律への方向をとるが、それは判断能力という点では結果を重視する見方への変化をもたらす。それは相手の身になって考えるとい

う共感能力の発達に支えられる部分が大きい。それゆえ、道徳科では社会的な経験や能力、役割期待などに応じた内容の重点化がなされている。したがって、どの内容も小・中学校9年間を見通した発展性を配慮し、そこに重点化されている内容項目を適切に指導することが大切である。こうしたことから、特に学校の特色や実態あるいは課題から見て必要がある場合には、他の学年段階の内容を加えることも行われている。

(2) 各学校における重点的指導の工夫

各学校における重点的指導とは、学習指導要領で各学校・学年段階で重点化されている内容項目を指導するにあたり、学校でさらに重点的に指導したい内容項目をその中から選び、多様な指導を工夫することである。参考までに2008年版「小・中学校学習指導要領解説　道徳編」に示されている各学年ごとの重点指導は以下の通りである。

小学校—自立心や自律性、自他の生命を尊重する心を育てること
・低学年—あいさつなどの基本的な生活習慣、社会生活上のきまりを身につけ、善悪を判断し、人間としてしてはならないことをしないこと。
・中学年—集団や社会のきまりを守り、身近な人々と協力し助け合う態度を身につけること。
・高学年—法やきまりの意義を理解すること、相手の立場を理解し、支え合う態度を身につけること、集団における役割と責任を果たすこと、国家・社会の一員としての自覚を持つこと。
中学校—自他の生命を尊重し、規律ある生活ができ、自分の将来を考え、法やきまりの意義の理解を深め、主体的に社会の形成に参画し、国際社会に生きる日本人としての自覚を身につけるようにすること。

このほか、小学校高学年と中学校においては、特に悩みや葛藤等の思春期の心の揺れ、人間関係の理解等の課題を積極的に取り上げることが求められている。

各学校・学年段階で重点的に指導したい内容項目を定めること、同学年段階の他の内容項目との関連を図ること、そして他の学年段階の内容項目とのつながりを意識することにより、道徳の指導の充実につながることが期待さ

れている。

第3節　学校内外の教育活動全体で行われる道徳教育

1　教科教育と道徳教育

　道徳科と他の教科の関連は、指導上の取扱いでどうなっているのだろうか。道徳科と、とりわけ国語科との取扱い上の相互関連について、次期学習指導要領の「第2章　各教科　第1節　国語」の「第3　指導計画の作成と内容の取扱い」(1の(10))の項で、指導計画を作成するうえでの「配慮事項」として次のように明記している。

> 　第1章総則の第1の2の(2)に示す道徳教育の目標に基づき、道徳科などとの関連を考慮しながら、第3章特別の教科道徳の第2に示す内容について、国語科の特質に応じて適切な指導をすること。

　上記の第2に示す道徳科の内容とは、前節で確認した4つの道徳的価値の「内容」と22項目の「内容項目」のことである。これらについて、国語科の時間において、その教科の特質に応じて適切に指導することとなっている。例えば、国語科の授業では、児童生徒に、物語や小説などの教材を用いて「話すこと・聞くこと・書くこと・読むこと」を通し、「思考力・想像力を養う」ことが達成される。そして、勤労がテーマの教材であれば、「将来の生き方について考えを深める」ことによって、「人間としての生き方について考える」ように発展させることができる。

　上記の「配慮事項」の「国語科」という教科名は、社会科、数学科、理科、音楽科、美術科、保健体育科、技術・家庭科、外国語(英語)科に読み替えられる。これは、学校教育における道徳教育が、学校の教育活動全体を通じて行うという全面主義の原則による。それゆえ、社会科以下の指導計画作成上の「配慮事項」でも、同様に明記されている。

　例えば、社会科の授業では、単元「私たちと政治」で、「社会参画と公共

の精神」という資質の育成が可能である。他の教科においても、同様に、道徳科の目標に関連づけながら、道徳科の内容に関する指導ができる。

2 人権教育（含・いじめ）と道徳教育

　人権は、道徳教育を考えるうえで基礎となる概念である。学校教育において児童生徒に人権意識（感覚）の育成をめざすことは重要な教育課題である。人権問題（差別問題）と向き合うために、人権教育を学校できちんと行うことが求められている。

　人権教育とは、「人権尊重の精神の涵養を目的とする教育活動」（人権教育及び人権啓発の推進に関する法律第2条）のことである。人権教育において培われる人権意識は、道徳教育の基礎となり、道徳教育において育まれる道徳性は人権教育の基礎となるので、積極的な連携を図る必要がある。道徳教育は、様々な人権問題に共通に必要とされる道徳性を育むことがねらいとなる。

　学校の中での大きな人権問題のひとつに、いじめがある。道徳の教科化の背景には、滋賀県大津市の中学生いじめ自殺事件（2011年）などに代表される学校におけるいじめの深刻化があった。文部科学省は、いじめについて、「当該児童生徒が、一定の人間関係のある者から、心理的・物理的な攻撃を受けたことにより、精神的な苦痛を感じているもの」と定義している。いじめの認知件数は、国公私立の小・中・高等学校および特殊教育諸学校を含めて、22万5132件（文部科学省「平成27年度児童生徒の問題行動等生徒指導上の諸問題に関する調査」）であり、喫緊の課題である。

　文部科学省「いじめ防止等のための基本的な方針」の別紙「学校における『いじめの防止』『早期発見』『いじめに対する措置』のポイント」では、いじめ防止策として道徳教育への期待を読み取ることができる。

　　学校の教育活動全体を通じた道徳教育や人権教育の充実、読書活動・体験活動などの推進により、児童生徒の社会性を育むとともに、幅広い社会体験・生活体験の機会を設け、他人の気持ちを共感的に理解できる豊かな情操を培い、自分の存在と他人の存在を等しく認め、お互いの人格を尊重する態度を養う。

いじめ防止対策推進法第15条にも「学校の設置者及びその設置する学校は、児童等の豊かな情操と道徳心を培い、心の通う対人交流の能力の素地を養うことがいじめの防止に資することを踏まえ、全ての教育活動を通じた道徳教育及び体験活動等の充実を図らなければならない」と同様の記述が見られる。

3　情報モラル教育と道徳教育

　近年、学校教育においてもインターネット上の掲示板への書き込みによる誹謗中傷や、SNSによるいじめといった、いわゆる「ネットいじめ」が多発するなどの課題が発生し、時代に即した情報モラルに関する指導の必要性が高まっている。道徳科においては、第2に示す内容との関連を踏まえて、情報社会の倫理、法の理解と遵守といった内容を中心に取り扱うことが考えられる。

　さて、次期小・中学校学習指導要領「第1章　総則」では、児童生徒が情報活用能力（情報モラルを含む）を身につける学習活動の充実を謳っている。また、「第3章　特別の教科　道徳」においても、情報モラルに関する指導に留意するとある。小・中学校の教育課程で、情報モラル教育はどのように位置づいているのだろうか。小・中学校学習指導要領「総則」では、「情報活用能力の育成を図るため、各学校において、コンピュータや情報通信ネットワークなどの情報手段を活用するために必要な環境を整え、これらを適切に活用した学習活動の充実を図ること」が掲げられている（中学校もほぼ同じ）。

　情報モラル教育は、道徳教育において、特に指導に留意するよう明記されている。小・中学校学習指導要領「第3章　特別の教科　道徳」の「第3　指導計画の作成と内容の取扱い」の2には、道徳科における指導にあたっての配慮事項が挙げられている。

　(6) 児童の発達の段階や特性等を考慮し、第2に示す内容との関連を踏まえつつ、情報モラルに関する指導を充実すること。また、児童の発達の段階や特性等を考慮し、例えば、社会の持続可能な発展などの現代的な課題の取扱いにも留意し、身近な社会的課題を自分との関係において考え、それらの解決に寄

> 与しようとする意欲や態度を育てるよう努めること。なお、多様な見方や考え方のできる事柄について、特定の見方や考え方に偏った指導を行うことのないようにすること。

　道徳科は道徳的価値に関わる学習を行う特質があることを踏まえたうえで、指導に際しては、情報モラルに関わる題材を活かして話し合いを深めたり、コンピューターによる疑似体験を授業の一部に取り入れたりするなど、創意ある多様な工夫が生み出されることが期待される。

4　道徳教育における家庭・学校・地域社会

　社会の大きな変化による家庭や地域の教育力の低下が、子どもの生活習慣の未確立につながり、さらには問題行動の背景にあると指摘されている。その真偽は論者によって認識の違いはあるが、子育てや教育、しつけについて家庭や地域に期待される役割や負担が増大している。こうした中、学校が道徳教育を推進していく中で、いかに家庭や地域社会と連携していくかが問われている。

　中央教育審議会「道徳に係る教育課程の改善等について（答申）」（2015年）の「2　道徳に係る教育課程の改善方策」「(4) 多様で効果的な道徳教育の指導方法へと改善する」の「④学校と家庭や地域との連携の強化について」では、その意義と具体的な取り組み事例を挙げている（下線は筆者）。

> 　道徳教育を推進する上で、学校と家庭や地域との連携・協力が不可欠である。特に、家庭は、子供の教育について第一義的な責任を有するものであり、児童生徒が生活のために必要な習慣を身に付けるとともに、自立心を育成し、心身の調和のとれた発達を図る上で、その果たすべき役割は極めて大きい。
> 　<u>家庭や地域との連携による道徳教育を推進するため、各学校には、「道徳教育の全体計画」の作成に当たって家庭や地域の参加を得ること</u>や、全体計画や道徳教育に関する情報をホームページや学校だより等で積極的に発信し、家庭や地域と共有することなどが求められる。
> 　また、キャリア教育や社会を構成する一員としての主体的な生き方に関わる教育（いわゆるシティズンシップ教育）等の充実の観点からも、<u>外部の人材の協力を得ること</u>や、「特別の教科　道徳」（仮称）の授業の積極的な公開、土曜日

> の活用なども含めた家庭や地域の人々も参加できる授業の工夫など、家庭や地域との連携を強化することが重要である。
> 　家庭や地域の理解を得て連携した取組を推進するためには、例えば、学校運営協議会などを活用し組織的に取り組むとともに、学校評価と関連付けることなども効果的と考えられる。

　さて、道徳教育における学校と家庭や地域社会との連携の実際はどのように取り組まれているのだろうか。文部科学省の2012年度「道徳教育推進状況調査」によれば、84.4％の小学校、73.3％の中学校で取り組まれており、高い割合のものは、道徳の授業参観（公開授業）であり、「道徳教育に関連した様々な教育活動や体験活動等に保護者や地域の人々の参加・協力を求めた」という項目は公立の小・中学校で約4割程度に過ぎず、今後の課題であるということができる。

参考文献
井ノ口淳三編『道徳教育　改訂版』学文社、2016年
堺正之『道徳教育の方法』放送大学教育振興会、2015年
羽田積男・関川悦雄編『道徳教育の理論と方法』弘文堂、2016年

学習指導要領「特別の教科 道徳」

第1節 「特別の教科 道徳」（道徳科）設置の経緯と理由

1 教科化の流れ——特設「道徳の時間」から「特別の教科 道徳」へ

　本章では、2015年に「一部改正」された学習指導要領「特別の教科　道徳」について整理する。2014年度末の2015年3月27日、「学校教育法施行規則一部改正」に基づき、学習指導要領が一部改正された。正確には、「「小学校学習指導要領」　平成27年3月　一部改正」（以下、「小学校学習指導要領」）、「「中学校学習指導要領」　平成27年3月　一部改正」（以下、「中学校学習指導要領」）、「「特別支援学校小学部・中学部学習指導要領」　平成27年3月　一部改正」（以下、「特別支援学校学習指導要領」）である（以下、いずれをも共通的に示す際は「学習指導要領」）。第二次世界大戦後の、いわゆる「逆コース」の流れにあった1958年、小学校・中学校の教育課程に週1時間の「道徳の時間」が「特設」された。以来、60年近くにわたった特設「道徳の時間」は、「特別の教科　道徳」として教科化されることになった。教科化の全面実施は検定教科書の使用を伴うものであるが、そのような全面実施の時期について、小学校においては2018年度から、中学校においては2019年度から、特別支援学校においては小学部が2018年度から、中学部が2019年度からとされている。とはいえ、全面実施までの移行期間が示されており、2017年4月1日から「移行措置として、その一部又は全部を実施することが可能」（「小学校学習指導要領解説　特別の教科　道徳編」「中学校学習指導要領解説　特別の教科　道徳編」、2015年）と明記されている。

そもそも、「道徳の時間」の教科化に向けた流れは、いわゆる改正「教育基本法」(2006年)成立を受けた「教育再生実行会議第一次提言」(2013年2月)における「道徳「教科化」」を皮切りに、「道徳教育の充実に関する懇談会報告」(同年12月)、中央教育審議会初等中等教育分科会教育課程部会道徳教育専門部会「審議のまとめ」(2014年9月)、そして「道徳の時間を「特別の教科　道徳」(仮称)として位置付ける」と明記された中央教育審議会「答申」(同年10月)を経て今回の改訂に至ったものである。そのような流れの中で、例えば、教科化(道徳科設置)の理由は何か、なぜこの時期なのか、といった問いも生じてきた。いずれにせよ、今回の「一部改正」(改訂)が、学校(教育)における「道徳教育」をめぐっての重要な変化であることに相違はない。

2　「一部改正」の主たる理由

「学習指導要領」の具体的な内容整理に入る前に、「特別の教科　道徳」に「一部改正」された改訂の主たる理由について、あるいは意図について、確認しておこう。改訂の主たる理由と理解される内容は、「小学校学習指導要領解説　特別の教科　道徳編」(以下、「小学校解説　道徳編」)、「中学校学習指導要領解説　特別の教科　道徳編」(以下、「中学校解説　道徳編」、各々共通的に示す際は「解説　道徳編」)に指摘できる。「第1章　総説　1　改訂の経緯」に示された一文を見てみよう。小・中学校ともに同一の文言である。

> (略)今回の改正は、いじめの問題への対応の充実や発達の段階をより一層踏まえた体系的なものとする観点からの内容の改善、問題解決的な学習を取り入れるなどの指導方法の工夫を図ることなどを示したものである。

とりわけ「学校」中心の初等・前期中等教育段階に生きる子どもにとって、「いじめの問題」は、いまだ後を絶たない。「内容の改善」の理由をめぐる上記一文の最初に「いじめの問題への対応の充実」と明記がなされ、また、同じく「中学校解説　道徳編」の「第1章　総説　2　改訂の基本方針」においても「今回の道徳教育の改善に関する議論の発端となったのは、いじめの問題への対応であり、生徒がこうした現実の困難な問題に主体的に対処する

ことのできる実効性ある力を育成していく上で、道徳教育も大きな役割を果たすことが強く求められた」と記されていることからわかるように、学校におけるいじめの問題への対応の充実が、「内容の改善」のための重要な理由のひとつに挙げられる。そして、教育課程において「発達の段階をより一層踏まえた体系的なものとする」ことも文字通り挙げられる。加えて、「指導方法の工夫」のために「問題解決的な学習を取り入れるなど」とある。後に改めて、より詳しくふれるが、「問題解決的」との記述は、「答えが一つではない」問題への直面をはじめとした、人間の多様な道徳的価値（観）に関わる問題をめぐって、子ども自身による「主体的」な学びが期待され、同時に、他者とともに考えたり議論したりすることが期待されているといえる。「指導上の工夫」をめぐる「一部改正」の理由と理解されよう。「小学校学習指導要領解説　総則編」「中学校学習指導要領解説　総則編」（2015年7月）の「第1章　総説　1　改訂の経緯」において、「発達の段階に応じ、答えが一つではない道徳的な課題を一人一人の児童〔〔中学校〕生徒〕が自分自身の問題と捉え、向き合う「考える道徳」、「議論する道徳」へと転換を図るものである」と明確に示されているのはそれゆえである。

　改訂理由を今一度整理するために、2016年5月27日付の文部科学省教育課程部会「考える道徳への転換に向けたワーキンググループ」「資料4　道徳教育について」を参照してみたい。「小・中学校学習指導要領改訂の背景」として5つが提示されている。順に、①「深刻ないじめの本質的な問題解決に向けて」、②「情報通信技術の発展と子供の生活」、③「子供をとりまく地域や家庭の変化」、④「諸外国に比べて低い、高校生の自己肯定感や社会参画への意識」、⑤「与えられた正解のない社会状況」、である。中でも、⑤「与えられた正解のない社会状況」については3つに箇条書きされ、「グローバル化の進展（様々な文化や価値観を背景とする人々と相互に尊重しあいながら生きること）」「情報通信技術など、科学技術の進歩（コミュニケーションや対人関係の変化、技術革新による新たな倫理的問題）」「かつてないスピードでの少子高齢化の進行（家庭や地域の変化、誰も経験したことのない状況下での社会の持続、発展）」と整理されており、道徳科授業の教育内容や教育方法自体を考える際に避けら

れないテーマでもある。このような5つの背景があるからこそ、「一人一人が、道徳的価値の自覚のもと、自ら感じ、考え、他者と対話し協働しながら、よりよい方向を目指す資質・能力を備えることが重要」であり「こうした資質・能力の育成に向け、道徳教育は大きな役割を果たす必要」（前掲「資料4」）があると整理されるのである。そのような背景の中で、小・中学校とも「学習指導要領解説　総則編」の「第1章　総説　2　改訂の基本方針」にあるように、特設「道徳の時間」の「基本的な考え方を今後も引き継」ぎつつ、新たな規定として道徳科が設置されたのである。

第2節　「特別の教科　道徳」（道徳科）の要点整理

1　「学習指導要領」における道徳科の位置と構成

　「特別の教科　道徳」（道徳科）が明示された「学習指導要領」の全体構成をまず確認してみよう。「小学校学習指導要領」の章立てを見ると、順に「第1章　総則、第2章　各教科（第1節から第9節まで順に、「国語」「社会」「算数」「理科」「生活」「音楽」「図画工作」「家庭」「体育」）、第3章　特別の教科　道徳、第4章　外国語活動、第5章　総合的な学習の時間、第6章　特別活動」となっており、中学校（5章立て）および特別支援学校小学部・中学部（7章立て、「第7章　自立活動」）も、概ね類似の構成である。

　「特別の教科　道徳」（道徳科）は、いずれの学校段階においても第3章に明示されている。たしかに第3章は、授業時間である道徳科についての説明である。しかしながら、学校（教育）において「道徳」に関わる「教育」的営みが行われることに関しては、道徳科の授業時間内だけが対象ではない。道徳科以外の時間にあっても、「道徳」の諸問題は学校（教育）において「指導」が行われるものとされている。各教科においても、あるいは、ホームルームの時間であっても、学校（教育）における「道徳教育」に関係しているといえよう。したがって、学校（教育）における「道徳教育」をめぐっては、学校における「学習指導」全体に関わる冒頭の「第1章　総則」から明確に

記されているのである。これらは、特設「道徳の時間」の時代から絶えることはなく、学習指導要領においては「学校の教育活動全体を通じて行う」という一種のキーワードがある。

「学習指導要領」には、小・中学校とも「学校における道徳教育」を規定する箇所がある。「中学校学習指導要領」の「第1章　総則　第1の2」を見てみよう。「学校における道徳教育」について、「特別の教科である道徳（以下「道徳科」という。）を要として学校の教育活動全体を通じて行うものであり、道徳科はもとより、各教科、総合的な学習の時間及び特別活動のそれぞれの特質に応じて、生徒の発達の段階を考慮して、適切な指導を行わなければならない」と明記されている。小学校についても同様である。

以上を踏まえながら、「第3章　特別の教科　道徳」（道徳科）の構成を続けて見てみよう。「小学校学習指導要領」「中学校学習指導要領」ともに、「第1　目標」「第2　内容」「第3　指導計画の作成と内容の取扱い」（小学校・中学校とも4項）の3節で成り立っている。「特別支援学校学習指導要領」においては、「小学校学習指導要領第3章又は中学校学習指導要領第3章に示すものに準ずる」としたうえで、特別支援学校の道徳科に必要とされる内容がさらに3つ示されている。

特設「道徳の時間」から「特別の教科　道徳」（道徳科）への改訂にあっても、「学習指導要領」において「学校における道徳教育」が、「教育基本法及び学校教育法に定められた教育の根本精神に基づ」くものであり、これまでの「道徳の時間」そして改訂後の「道徳科」を「要として」指導が行われ、それは「学校の教育活動全体を通じて行うもの」である、といった基盤は、2015年改訂前と基本的に同様であり継承されている。とはいえ、とりわけ「学習指導要領」における道徳科の位置や意味を考える際、「学校における道徳教育」の「目標」と、道徳科の「目標」が、今回の改訂により、それぞれ別箇所に整理され明示されたことに注目しておく必要がある。詳しくは次項に譲るが、前者は、「学習指導要領」の「第1章　総則　第1の2」において、後者は「第3章　特別の教科　道徳　第1」において示された。道徳科の「目標」は「学校における道徳教育」の「目標」と「同一であること」が明確に

されたという意味でもある。そして、別箇所に「整理」され「表現」が「改め」られたのは、「解説　道徳編」「第1章　総説　3　改訂の要点　(1)第1　目標」の冒頭部に、「道徳教育の目標と道徳科の目標を、各々の役割と関連性を明確にするため」とある。2015年「一部改正」による特徴的な変更点のひとつである。では次に、そのような道徳科の「目標」を具体的に見てみよう。

2　道徳科の「目標」

「一部改正」された今回の「学習指導要領」では、「学校における道徳教育」の「目標」と道徳科の「目標」が、それぞれ別箇所に整理され明示されたという変更点を直前で確認したが、「目標」に関する実際の規定に着目してみることにしよう。

まず、「学校における道徳教育」の「目標」が明示されるのは、「小学校学習指導要領」「中学校学習指導要領」では「第1章　総則」の「第1　教育課程編成の一般方針　2」においてである。章の構成上の違いは見られるものの、ほぼ同様に、「特別支援学校学習指導要領」でも「第1章　総則」の「第2節　教育課程の編成　第1　一般方針　2」においてである。

【小学校】・【中学校】　第1章　総則　第1　教育課程編成の一般方針　2
　道徳教育は、教育基本法及び学校教育法に定められた教育の根本精神に基づき、自己の（[中学校]人間としての）生き方を考え、主体的な判断の下に行動し、自立した人間として他者と共によりよく生きるための基盤となる道徳性を養うことを目標とする。

【特別支援学校小学部・中学部】　第1章　総則　第2節　教育課程の編成　第1　一般方針　2
　小学部（[中学部]中学部）における道徳教育は、教育基本法及び学校教育法に定められた教育の根本精神に基づき、自己の（[中学部]人間としての）生き方を考え、主体的な判断の下に行動し、自立した人間として他者と共によりよく生きるための基盤となる道徳性を養うことを目標とする。

学校段階を問わず共通の基盤として、「学校における道徳教育」の「目標」は「道徳性を養うこと」と規定されている。しかもここでの「道徳性」は、

「他者と共によりよく生きるための基盤となる道徳性」とされている。「よりよく生きる」ことをめぐっては、人間の根源に係わる主題（問い）のひとつといえ、洋の東西を問わず古来、議論の対象となってきた難題である。漢字に置き換えるならば、「より善く生きる」と表せよう。奥深いテーマゆえ、様々な捉え方や考え方は尽きないが、上記「目標」の文言からは、人間は自分以外の存在である「他者と共に」生きる存在、「他者」との関係性の中で生きる存在であり、同時に、人間が「善く生きる」ことをおよそ希求する（であろう）存在であることが、前提的に内包されていることが読み取れよう。「学校における道徳教育」において、「道徳性」という、いわば根源的、究極的な「目標」が示されていることになる。そして道徳科においては、このような「目標」の実現がめざされることになっている。

　次に、道徳科の「目標」を見てみよう。明示されているのは、「小学校学習指導要領」「中学校学習指導要領」では「第3章　特別の教科　道徳」の「第1　目標」においてである。「特別支援学校学習指導要領」でも小・中学校「学習指導要領」に「準」じて同様だが、加えて「1　児童又は生徒の障害による学習上又は生活上の困難を改善・克服して、強く生きようとする意欲を高め、明るい生活態度を養うとともに、健全な人生観の育成を図る必要があること」をはじめ、3つの項目が示されている。

> 【小学校】・【中学校】　第3章　特別の教科　道徳　第1　目標
> 　第1章総則の第1の2に示す道徳教育の目標に基づき、よりよく生きるための基盤となる道徳性を養うため、道徳的諸価値についての理解を基に、自己を見つめ、物事を（[中学校] 広い視野から）多面的・多角的に考え、自己の（[中学校] 人間としての）生き方についての考えを深める学習を通して、道徳的な判断力、心情、実践意欲と態度を育てる。

　2015年度「一部改正」された「学習指導要領」では、道徳科の「目標」に関し、表記（用語使用）の見直しや新たな表現の出現が顕著である。以下、変更点を示しながら「目標」の内容について整理してみたい（なお、(旧)は改正前、(新)は改正後を意味する）。

(1) 表記の見直し【削除、整理、改変 ((2)・(3)と連動)】

従来の「目標」第一文目に見られた「など」の語が削除され、わかりやすい表現がめざされた。また、「各教科」等との密接な関連を図る点や「計画的、発展的な指導によってこれを補充、深化、統合し」の文言が削除され、「第3 指導計画の作成と内容の取扱い」にて「整理」され表現が改変された。具体的には、(旧)「第1 目標」内の、「計画的・発展的な指導」は、新たに「第3」内で (新)「計画的・発展的な指導を行うこと」とされ、(旧)「補充、深化、統合」は、(新)「補うこと」「一層深めること」「相互の関連を捉え直したり発展させたりすること」と改められた。また、「道徳的実践力」の表記も削除されたが次の(3)で整理する。

(2) 道徳科の「学習」について【新たな表現の登場】

道徳的諸価値の理解を、自己との関わりを含め内省し、従来の (旧)「道徳的価値の自覚及び自己 ([中学校] 人間として) の生き方についての自覚を深め」との記述が、(新)「道徳的価値についての理解を基に、自己を見つめ、物事を ([中学校] 広い視野から) 多面的・多角的に考え、自己 ([中学校] 人間として) の生き方についての考えを深める学習」へと改変された。とりわけ、新たに「物事を多面的・多角的に考え」との表現が登場したことは、「考え、議論する道徳」がめざされた今回の改訂にあって特徴的である。多種多様な、異なった、様々な視点から考え探究していくことが求められている。道徳的諸価値の理解において、子どもに対し、ある特定の道徳的価値を絶対的価値として教え込むような一方向的な教授行為による「注入主義」や、「観念的」な理解に陥りがちな「徳目主義」は避けられてこよう。

(3) 道徳科としての「目標」について【趣旨の具体化】

これまでに長く見られた表記、(旧)「道徳的な心情、判断力、実践意欲と態度などの道徳性を養うこととする」は、改訂によって「道徳的な判断力」が最初に記されることとなり、並んで (旧)「道徳的実践力」の語が削除され、(新)「道徳的な判断力、心情、実践意欲と態度を育てる」と比較的平易な表現に改められた。「解説　道徳編」に従えば「よりよく生きていくための資質・能力を培うという趣旨を明確化するため」の具体化がその理由とされて

いる。「善悪」の道徳的価値判断に係わる能力としての「道徳的判断力」の育成、「善悪」の道徳的価値をめぐって子どもの内面に生じる「善を行なう喜びの感情」や「悪を憎む感情」としての「道徳的心情」の育成、そして、「道徳的判断力」や「道徳的心情」をもとにしながら、道徳的価値を実現しようとする意志の働きである「道徳的実践意欲」、ならびに、具体的な道徳的行為への（主体的な）身構えである「道徳的態度」の育成が、とりわけ道徳科としての「目標」として掲げられている。

3　道徳科の内容項目

(1)　内容項目の具体

「学習指導要領」には、道徳科で子どもが学ぶ内容として重要とされる道徳的諸価値が、「内容項目」という形で示されている。「学習指導要領」第3章の「第2　内容」においてである。「解説　道徳編」の「第3章　道徳科の内容　第1節　内容の基本的性格」にあるように、内容項目は「道徳的価値を含む内容を、短い文章で平易に表現したものである」。内容項目は4つの視点で、項目数は小学校が低学年19項目、中学年20項目、高学年22項目、中学校が22項目設定されている。4つの視点とは、順に「A　主として自分自身に関すること」「B　主として人との関わりに関すること」「C　主として集団や社会との関わりに関すること」「D　主として生命や自然、崇高なものとの関わりに関すること」である。そして、4つの内容項目ごとに、「礼儀」「友情、信頼」「生命の尊さ」等の「キーワード」が付されている。まずは、各内容項目とキーワードを一覧にしてみよう（下線は筆者）。

【小学校】
A　主として自分自身に関すること
　　［善悪の判断、自律、自由と責任］［正直、誠実］［節度、節制］［<u>個性の伸長</u>］［希望と勇気、努力と強い意志］［真理の探究］
B　主として人との関わりに関すること
　　［親切、思いやり］［感謝］［礼儀］［友情、信頼］［<u>相互理解、寛容</u>］
C　主として集団や社会との関わりに関すること

［規則の尊重］［公正、公平、社会正義］［勤労、公共の精神］［家族愛、家庭生活の充実］［よりよい学校生活、集団生活の充実］［伝統と文化の尊重、国や郷土を愛する態度］［国際理解、国際親善］
　D　主として生命や自然、崇高なものとの関わりに関すること
　　　［生命の尊さ］［自然愛護］［感動、畏敬の念］［よりよく生きる喜び］
【中学校】
　A　主として自分自身に関すること
　　　［自主、自律、自由と責任］［節度、節制］［向上心、個性の伸長］［希望と勇気、克己と強い意志］［真理の探究、創造］
　B　主として人との関わりに関すること
　　　［思いやり、感謝］［礼儀］［友情、信頼］［相互理解、寛容］
　C　主として集団や社会との関わりに関すること
　　　［遵法精神、公徳心］［公正、公平、社会正義］［社会参画、公共の精神］［勤労］［家族愛、家庭生活の充実］［よりよい学校生活、集団生活の充実］［郷土の伝統と文化の尊重、郷土を愛する態度］［我が国の伝統と文化の尊重、国を愛する態度］［国際理解、国際貢献］
　D　主として生命や自然、崇高なものとの関わりに関すること
　　　［生命の尊さ］［自然愛護］［感動、畏敬の念］［よりよく生きる喜び］

　今回の「一部改正」で、内容項目に関しても特徴的な変化が見られた。内容項目が「多くの人に理解され」、家庭や地域の人と共有されるべきとの観点（「小学校解説　道徳編」）にも留意しつつ、以下、改訂による変更点の特徴と「取扱い」の概要を中心に整理してみる。
　(2)　変更点の特徴
　まず、4つの視点の順序の変更や、内容項目の追加という特徴がある。内容項目は、これまでも4つの視点で分類されていたが、今回の改訂により、表記が1-4の算用数字からA-Dのアルファベットに改まり、視点の順番も入れ替わった。従来4番目に見られた「集団や社会」が3番目に示され、「自然や崇高なもの」は新たに「生命」を明示して4番目に入れ替わった。2番目の「主として他の人との」が「主として人との」に変更され、「かかわり」も「関わり」と漢字表記になった。加えて、内容項目が、先にふれた「キー

ワード」で明示され、よりわかりやすい表記となった点も、改訂に伴う新たな特徴である。そして、それら内容項目は、特に小学校で（低学年で比較的多く）追加されている。列記すると（カッコ内は新たに「指導」することとされた学年段階）、「個性の伸長」（低学年）、「相互理解、寛容」（中学年）、「公正、公平、社会正義」（低・中学年）、「国際理解、国際親善」（低学年）、「よりよく生きる喜び」（高学年）が追加された（上記一覧内、下線部）。

また、体系化や系統性を意識した配置という特徴がある。「解説　道徳編」の第1章内に「小学校から中学校までの内容の体系性を高める」とあるように、内容に関して、総じて、より体系的な改変が行われた。4つの視点も、「自分自身」から他者、「集団や社会」「生命や自然、崇高なもの」との関係性へと向かいつつ、同時に、各々が関連性を持つものと指摘できよう。そして、小・中学校を通じ、子どもの発達段階を踏まえて内容項目が表記されている。体系化とともに、内容の系統性が意識された配置であることが理解されよう。

内容の系統的な配置は、特に「いじめの問題」や現代的諸課題に対応した内容項目の追加として特徴的である。「いじめの問題」に対応して「個性の伸長」「相互理解、寛容」「公正、公平、社会正義」等の項目が、また、情報通信技術の急速な発達に伴う「情報モラル」といった、倫理的問題をはじめとする現代的諸課題に対応して「遵法精神、公徳心」「生命の尊さ」「自然愛護」等の項目が、系統的に配置されている。

(3)　内容項目の「取扱い」

「解説　道徳編」第3章第1節「2　内容の取扱い方」に、「内容項目は、関連的、発展的に捉え、年間指導計画の作成や指導に際して重点的な扱いを工夫することで、その効果を高めることができる」と端的な説明がある。直後には「関連性をもたせる」「発展性を考慮する」との列記がある。「関連的」に捉えるとは、内容項目を単独で扱うことに限定されず、複数の内容項目を関連づけた、「取扱い」の工夫が求められることである。子どもの実態や学校の実情等を鑑みる必要ゆえである。そして、「関連的、発展的な取扱いの工夫」とともに「各学校における重点的指導の工夫」が求められている。「各

学年段階で重点化されている内容項目や学校として重点的に指導したい内容項目をその中から選び、教育活動全体を通じた道徳教育において具体的な指導を行う」(「解説　道徳編」第3章第1節2⑵)との「重点的指導」を各学校で工夫することである。では、「学習指導要領」に示される道徳科の「指導」とはどのようなものであろうか。

4　道徳科の「指導」と「評価」

(1)　道徳科の「指導」

ここでは、実際の道徳科授業に向け、前提的に確認しておく必要がある、「指導」に関わる規定を中心に概ね整理してみたい。道徳科の「指導」については、「学習指導要領」第3章の「第3　指導計画の作成と内容の取扱い」に規定されている。左記第3の1に「道徳科の年間指導計画」作成に際しての基本的事項が示されている。

年間指導計画の作成にあたっては各教科等との関連性を考え、内容の「取扱い」についてはすべての内容項目を取り上げること、指導方法の工夫等が掲げられている。より正確を期すために、「解説　道徳編」の「第4章　指導計画の作成と内容の取扱い　第2節　道徳科の指導　1　指導の基本方針」に着目してみたい。道徳科の「指導の基本方針」として、小・中学校とも6項目が明示されている。

【小学校】・【中学校】「解説　道徳編」　第4章　第2節　1　指導の基本方針
(1)　道徳科の特質を理解する
(2)　教師と児童、児童相互の信頼関係（[中学校]信頼関係や温かい人間関係）を基盤におく
(3)　児童の（[中学校] 生徒の内面的な）自覚を促す指導方法を工夫する
(4)　児童（[中学校] 生徒）の発達や個に応じた指導を工夫する
(5)　問題解決的な学習、体験的な活動など多様な指導方法の工夫をする
(6)　道徳教育推進教師を中心とした指導体制を充実する

特に、「指導方法の工夫」に関し力点が置かれていることが理解されよう。中でも、道徳的価値の自覚を促す指導方法や、「問題解決的な学習、体験的

な活動など多様な指導方法の工夫」は特筆に価しよう。価値観の一方的な注入に従うのではなく、「答えが一つではない」問題や課題を、児童生徒が自分自身で「主体的」に「考え、議論する」道徳への転換が期待される象徴的特徴である。総じて、教材やその取り扱いの工夫はもとより、板書や発問の工夫が期待されてくる。具体的には、「読み物教材」における形式的な教育方法等を再考し「読み物教材」活用のさらなる改善を行うこと、2014年に『心のノート』から全面的に改訂された『私たちの道徳』使用上の工夫や、問題解決的な学習方法、授業時間内におけるロールプレイ（役割演技）等による体験的活動といった例が挙げられよう。その際、例えば、道徳科授業において児童生徒が「主体的」に課題に向き合う際、かれ・かのじょらの「自己肯定感」の問題を真摯に考慮することは有意味ではないだろうか。

　また、(6)の「指導体制」をめぐっても注視の必要がある。「学習指導要領」第3章第3　2(1)に規定されている。小学校、中学校の順に確認しておこう。「校長や教頭などの参加、他の教師との協力的な指導などについて工夫し、道徳教育推進教師を中心とした指導体制を充実すること」「学級担任の教師が行うことを原則とするが、校長や教頭などの参加、他の教師との協力的な指導などについて工夫し、道徳教育推進教師を中心とした指導体制を充実すること」。道徳科は、原則として学級担任が担当するが、とりわけ「校長の（道徳教育の）方針」の明確化や「道徳教育の推進を主に担当する教師（道徳教育推進教師）」を「中心として」という指導体制が明記されている。「保護者や地域の人々の参加や協力などが得られるよう」な「工夫」(「中学校解説　道徳編」)といった点も示されている。

(2)　道徳科における「評価」

　「学習指導要領」第3章第3の末尾に、「児童（[中学校]生徒）の学習状況や道徳性に係る成長の様子を継続的に把握し、指導に生かすよう努める必要がある。ただし、数値などによる評価は行わないものとする」と規定されている。道徳科において、「評価」は、各教科の「評価」に見られるような数値による評価ではなく、記述式とされることは特筆しておかねばならない。「小学校解説　道徳編」に従えば、「道徳科において養うべき道徳性は、人格の

全体に関わるものであり、数値などによって不用意に評価してはならないことを特に明記したもの」とされ、他の児童生徒との相対評価ではなく、成長を「積極的に受け止め、励ます個人内評価」「優劣を決めるような評価はなじまないこと」への留意、「個々の内容項目ごとではなく、大くくりなまとまりを踏まえた評価」、発達障害等の児童や生徒についての「配慮すべき観点等を学校や教員間で共有すること」(それとともに、「指導要録」の書式等の見直し)の諸点が列記され、それらに基づき「適切に評価を行うことが求められる」と示されている。

5 「特別の教科」とは何か

　教科ではなく「「特別の」教科」として改訂された要点を、改めて整理しておこう。総括的には教育課程上の道徳教育の位置づけによるものであるが、端的には、教科化にあって従来の各教科にはない側面を持つため、「特別の教科」という新たな枠組みが設定されたといえる。「教科教育」に見られる専門免許を持った教員による担当ではなく、基本的に学級担任による担当であること、検定教科書の使用、また、数値による「評価」を行わないといった点が、「教科」ではなく「特別の教科」とされる顕著な特徴と整理されよう。

第3節　教科化に関わる論点、問題性

　以上、「学習指導要領」に示された道徳科(教育)の要点を整理してきたが、教科化をめぐっては、これまで、様々な問題が指摘され、論点となってきた。「戦後」教育史的背景に基づく批判、「特設　道徳の時間」(道徳科)の教育内容や方法そのものに対する批判もあれば、「教える―学ぶ」関係と人間の「徳」に関わる問題をはじめとした根源的問いとして疑問が呈されることもある。本章では最後に、教科化に関わる論点や問題性について、とりわけ教育原理的・思想論的テーマに限定しながら若干列挙しておくこととする。

　ひとつには、道徳科における「評価」の問題である。数値による評価でなく記述式とされているが、制度化された「学校」の教育的営みにおいて、「道

徳」に関わる行為の価値を教員が評することは、はたしてなにゆえに、どれほどまでに必要なのであろうか、という論点である。「道徳教育推進教師」という構造自体の問題性にも連なろう。

またひとつには、「生命や自然、崇高なものとの関わり」を「教える」ことに注視してみたい。例えば、「自然、崇高なもの」をめぐって、「評価」(「教育評価」)に連なる「学校」でのそれらの「指導」とは、いかように可能であろうか。とりわけ、「崇高なもの」を「教える」ことをめぐっては、「知識」の伝達とは程遠い、大人である教員にとっても「わからない」コト（出来事）の連続であろう。この際、子どもとともに「わからない」を「生きる」といった「生成」をめぐる捉え方が意味を持ってくるのかもしれない。

そして上記いずれにあっても、教科化の時代に限らない、古くからの難問にふれないわけにはいかない。様々な場面や状況に不可避な、教育的営みと「道徳」をめぐる根源的問いについてである。例えば、そもそも、「徳」は「教え」られるのであろうか。あるいはまた、「善く生きる」ことをめぐって、そもそも、「善き」こととは何か、人間の「善性」（人間にとっての「善」）とはいったい何であろうか。これら根源的な問いは、道徳科実施の現代にあっても、とりわけ「教育」という営みを考える際、可能な限り忘却されてはならないのではないだろうか。

参考文献

岡部美香・谷村千絵編『道徳教育を考える――多様な声に応答するために』法律文化社、2012年

松下良平『道徳教育はホントに道徳的か？――「生きづらさ」の背景を探る』日本図書センター、2011年

諸富祥彦編著『ほんものの「自己肯定感」を育てる道徳授業　小学校編／中学校編』明治図書出版、2011年

道徳教育の学習指導案

第1節　授業における学習指導案の位置づけ

1　授業とは何か

　学習指導案とは、教師の特定の授業設計の記述である。詳細の説明を後に回し、ひとまず授業においてどのような位置づけにあるのかを説明しておこう。その方が、細かい項目の説明をした際に、全体との関連がわかりやすくなるだろう。

　学校教育活動における要は授業である。授業とは何か。通常、授業とは各教科の教育活動を指す。また、総合的な学習の時間や特別活動についても、それを授業と呼ぶ。その意味で、実務的には、学校教育の教育課程の実施に際して用いる語といってよい。これまでの「道徳の時間」もそうであったし、「特別の教科　道徳」（以下、道徳科）となっても、それは授業である。

　授業は一定の時間、例えば50分と区切られている。その50分に、教育的な意図を持って計画、組織、展開する教育活動である。アクティブ・ラーニングのように、児童生徒の学習を主とする授業もある。教師による講義を主とする一斉授業もある。児童生徒と教師が対話的に行う授業もある。

　形態はどうあれ、授業は、教授—学習を中心とする営みである。その教授—学習される事柄は、知識・経験・情報である。これをひとまとめにすれば「知識」である。「知識」は、教科の内容にとどまらず、授業を聴く態度、発言の方法、提出物のルール等多様である。この多様な「知識」を、教師と児童生徒は一定の時間内に教授—学習しなくてはならない（なお、教授と学習と

いう2つの語を用いて説明すると煩雑になるので、授業という語に統一する)。

それゆえに、教師は授業を計画的に設計しなくてはならない。それはどのように計画をすべきなのか。

2 授業に関わる活動

授業の計画にあたって、教師のすべき事柄は概ね次のように分類できる。

① 授業目標の設定
② 対象となる児童生徒の事前調査
③ 授業計画の決定
④ 授業
⑤ 授業評価

順を追って簡単に説明しておこう。

授業には必ず目標がある。授業に際しては必ず目標を設定しなくてはいけない。授業における目標とは、端的にいえば、その授業を通して何を学習させるのか、である。児童生徒側から見れば、どのような「知識」が身につくか、である。例えば、知らなかった事柄を知る、できなかった事柄をできるようになる、である。

ただし、目標を設定するには、その授業の対象となっている児童生徒を知らなければならない。児童生徒を知る、というのは、例えば、「既習事項」「到達度」「前提行動」等を知るという意味である。つまり、何を学んできているのか、どこまで学んできているのか、何ができるのか、等である。もちろん、児童生徒の実態や課題等も含む。このクラスにはどのような特性があるのか。この生徒は何に関心を持っているのか。何が苦手なのか、等。児童生徒の情報が多ければ、より児童生徒に合った授業が可能となる。

事前調査を行うと、場合によっては、授業目標の再設定をする必要が出てくる。予想以上に「既習事項」が多かったり、「到達度」が低かったりすると、目標を再設定せざるをえない。情報が増えれば増えるほど、目標の再設定をする必要が出てくる。これは、続く授業計画、授業においても常に意識すべきである。

こういった手順を踏んで、次に授業計画を決定する。授業の内容と順序、それを実施するための方法等を決定する。学習指導案の作成をこの時点で行う。

その後、学習指導案に沿って児童生徒に対する直接的な働きかけをする。つまり授業である。

終了後は授業の全体的な評価やそこからのフィードバックを行う。実施した授業への評価は、次の授業の目標設定や授業計画全体にフィードバックしていく。

授業において学習指導案は、狭義には授業計画を決定する際に作成する記述的な書類となる。さらには、授業を実施している際には進行表となる。授業後は評価とフィードバックのための記録となる。

3 学習指導案とは何か

(1) 学習指導案の目的

学習指導案とは、教師の特定の授業設計の記述である。

特定の授業とは、学年、クラス、曜限、時間、教科、そして（ひとまとまりの学習という意味で）単元（主題）等が特定という意味である。例えば、中学2年A組の、月曜日3時間目に、生命の尊さ D-(19) を主題とした資料を用いた道徳科の授業をする、という意味である。この特定の授業は年間指導計画の中に位置づけられている。そのため、年間指導計画との関連性を考慮しておかなくてはいけない。

この特定の授業には、当然、目標がある。学習指導案の目的は、授業の目標の効率的な達成にある。授業の目標の達成のため、という点については説明を要しないだろう。大切なのは「効率的」という点である。授業には様々な制約がある。大きくは時間的・空間的な制約である。例えば、50分とか教室という制約である。その制約の中で授業の目標を達成しなくてはならない。ここには効率性が必要となる。そのためには、児童生徒の既習事項、到達度、前提行動、あるいは興味・関心等を考慮し、教材・教具、指導法を計画しなくてはいけない。それらの最適な組み合わせを事前に設計しておかな

ければならない。その意味で、学習指導案は授業の設計図である。

　他方、学習指導案には、授業設計の共同研究のために作成する、という目的がある。指導案を書くのは、自分のためだけでなく、他者のためでもある。教師およびその授業を受ける児童生徒のためだけではない。「授業研究」の参加者、例えば、同僚の教師、校長、他校から参加する教師、研究者等、のためである。参加者は、学習指導案に沿って授業を観察する。その際、どのような目標の達成を意図しているのか。その目標を達成するために、どのように授業が設計されているか。こういった情報を得る。それが、実際に観察する授業から、さらに多くの情報の取得を可能にする。それが授業後の研究会における充実した討議へとつながる。

(2)　学習指導案の必要条件

　学習指導案には定型がない。学校ごとに異なる場合もあるし、それぞれの教育委員会によって異なる場合もある。ただし、学習指導案がその目的を果たすために、必要な要素は共通している。それに限定して説明しておこう。その中には、これまで繰り返し述べてきた事柄が含まれている。それは端的に示しておく。また、具体的な書き方については、後に説明があるので、あくまでも一般原則を書いておく。

　1)　授業の目標を明確に記述している　　授業には目標がある。それを記述する。言い換えれば、達成されるべき事柄を明確に記述するのである。問題は、それが明確であるかどうかである。できる限り具体的に記述できる方がよい。

　2)　授業を受ける生徒の資格を明確に記述している　　資格とは、「既習事項」「到達度」「前提行動」等である。歴史的な出来事を教材とするならば、それに関連する事項をどれほど知っているのか。例えば社会科において学んでいるのか。学んだとすれば、どのレベルまで学んでいるのか。環境問題を扱うなら、それに関わる歴史的、地理的、科学的知識等をどれほど学んでいるのか。こういった事柄について、事前に調査をし、何を知っていて、何を知らないのか等を記述しておく。

　3)　授業における活動を時系列に従って具体的に記述している　　授業に

は時間の制約がある。時間的制約の中で、行うべき活動をしなくてはならない。そのためには時系列の計画が必須である。タイム・マネジメントである。行うべき活動全体を小さな活動に分け、その順序を記述する。いわば「段取り」である。さらに、それぞれにかかる時間を予測し、記述する。授業は決められた時間に開始し、決められた時間に終わらなくてはいけない。

　時系列に計画を進めるためには、対象となる児童生徒の特性を把握する必要がある。その特性を踏まえ、次のような事柄を記述するとよい。指示・発問、想定される回答、その回答への対処法、あるいは時間より早く作業を終えた児童生徒への対処、プリント等の配付や回収の方法等である。

　4）　評価方法を具体的に記述している　　授業には目標がある。学習指導案には、この目標を達成できたかどうかの評価をする項目が必要である。児童生徒の学習の状況がどうなっていれば、目標を達成したのか、という項目である。一般的に用いる「評価規準」では、観点別に評価する。すなわち、「関心・意欲・態度」「思考・判断」「知識・理解」「技能・表現」という観点である。それぞれの観点からの評価法を具体的に記述する。

　ここには、指導をした教師に対する評価の観点も書いておくとよい。それが授業研究の討議を実りあるものとするからである。また、授業改善へとつながるからである。

　なお、道徳科の評価は数値化をしない。したがって、形成的評価や総括的評価が有効である。例えば、観察・面接・質問紙・作文・ノート・ワークシート・パフォーマンス・ポートフォリオ等の方法である。それぞれに長所・短所があるので、それらを補えるように組み合わせる必要がある。

第2節　道徳科学習指導案作成の手順

1　学習指導案の内容

　前節で詳述されているように、学習指導案は、ねらいを達成するために、児童生徒が何を、どのような順序で学んでいくのかについて、指導する教師

の視点（どのような方法で指導し、評価するかなど）から、授業の流れを具体的に示した指導計画案のことである。したがって、指導案作成にあたっては、児童生徒や学級の実態に即して、教師の指導の意図や構想が適切に表現されるように創意工夫することが必要である。そのため、指導案の形式に基準は設けられていないが、一般に、以下の内容を含めることになっている。

(1) **主題名：** 原則として年間指導計画における主題名を記述する。
(2) **ねらいと教材／資料名：** 年間指導計画を踏まえたねらいと教材／資料名を記述する。
(3) **主題設定の理由：** 年間指導計画における主題構成の背景を再確認し、次の項目を記述する。
① ねらいとする価値： ねらいや指導内容についての教師の捉え方
② 児童生徒の実態： ねらいや指導内容に関わる児童生徒のこれまでの学習状況や実態、教師の児童生徒観
③ 教材／資料について： 使用する教材／資料の概略（解説）と特質、取り上げた意図、児童生徒の実態との関わりから教材／資料の具体的な活用方法
(4) **学習過程：** ねらいに含まれる道徳的価値について、教師がどのような指導を展開していくか、その手順を示す。
① ねらい： 主題名を踏まえた授業の目的
② 展開： 導入・展開・終末の各段階区分について、それぞれ児童生徒の学習活動、主な発問と予想される児童生徒の反応、指導上の留意点／支援の手立てを明記
③ 板書計画： 授業終了時に完成している板書内容
(5) **その他：** 他の教育活動との関連、評価の観点、教材分析、資料提示の方法、保護者・地域の人々の参加など、必要な事項を記述する。

各都道府県教育委員会のホームページには、道徳の授業実践記録が多数掲載されているので、積極的に活用してほしい。なお、参考のために、中学校第2学年道徳学習指導案「かけがえのない命」（千葉県我孫子市教育委員会『Abi小中一貫カリキュラム～ふるさと学習、キャリア教育、道徳～』2015年）を下記に掲

載した。この指導案は、今回の学習指導要領で求められている「アクティブ・ラーニング」による学習方法を採用している。指導案中の「内容項目」は、学習指導要領の該当項目および千葉県の道徳教育の指針である。

第２学年○組　道徳学習指導案

指導者○○　○○

1　主題名　　「かけがえのない命」
　　内容項目　　3-(1) 生命の尊重
　　　　　　　　千葉県道徳教育の指針　すばらしい「いのち」
　　資料名　　「ハゲワシと少女」
　　　　　　　　（New York Times 1993/3/26 掲載写真/1994 ピュリッツアー賞受賞）
2　主題設定の理由
(1)　ねらいとする価値について
　本主題は、「かけがえのない生命」をいとおしみ、自他の生命を尊ぶとともに、他の多くの命に支えられながら生きていることに、素直に応えようとする態度を養うことをねらいとしている。
　人生は一度きりである。生命はすべての物事に優先され、大切にされなければならない。健康で不自由のない生活を送っていると、生きていることをあたりまえに思い、生きていることのありがたさを痛感する機会はほとんどないのが現状である。しかし、私たち人間が毎日を元気に過ごすことができるのも、生きる活力を持ち続けられるのも、全ての命の犠牲の上に成り立っていることを決して忘れてはならないのである。
　中学生の時期には、身近な人の死を体験したり、生きることに苦しんでいる人々に接したりする中で、人間の命の有限性を理解できるようになると思われる。従って、この時期をとらえ、生きていることの素晴らしさを自覚させ、互いに支え合って、命を全うできるように広い視野で自分自身を見つめ直す機会としたい。
(2)　生徒の実態
　中学２年生という、肉体的にも精神的にも揺れる年齢となり、様々な悩みを抱えるようになる。今まで自分が考えてきた価値観と実際に自分が行っていることとのギャップや矛盾に気づき、自分自身に対する自信のなさが、いろいろなジレンマを与え、悩みを増やしている。その中でも、人間としてよりよく生きたいという気持ちはたくさん持っているので、学校の中で正しく生活することができている。
　だから、今はよりよくあるために、「判断基準を明確にする」ことを意識して指導していく。学級の中で発言することに比較的抵抗はないと思われるので、より真剣に発言できるように、また、より深く思考できるように指導法を工夫したい。
　この「生命の尊重」に関しては、継続的に道徳授業で取り上げてきたが、「生命

は大切なもの」と誰もが考えている。しかし、その根拠となる考えは決して深いものであるとは言えない。より深く、より真剣に、考えうるあらゆる場面を想定して、思考を深めさせたい。

この題材では、迷う生徒が出ると思う。迷う生徒の意見こそ、描出させ、話し合うことで、自己を認識し他を認識することができると思う。

(3) 資料について

本資料の「ハゲワシと少女」は1994年にピュリッツアー賞を受賞したカーターさんの報道写真が語る事実の衝撃が全てであると言っていいほどの力がある資料として有名なものである。自分がこの状況に遭遇したら「写真を撮るか、少女を助けるか」どちらの立場を選ぶであろうか、と生徒は真剣に考えることになる。命はつながっているということを、より深く考えられれば、テーマは重いが、今後の人生の命題としても貴重な題材となるはずである。どちらが正しいと簡単には決められないと考えている。

だから、結論を急ぐのではなく、思考を深めさせ、この学習を通してかけがえのない生命を尊重する意識を育て、これからの人生の場面場面で命題のように自分自身に問いかけていってほしいと思う。

自分自身の内面を周囲に明らかにすることを拒むようになるこの時期、我々教師は、こうした心の揺れを共感的に理解し、生徒の人間的な成長を願いつつ道徳教育を進める必要がある。道徳の授業で、生徒はお互いの意見を聴き合い、自分の考えを深める。そして、お互いの意見を引き出すために、生徒の発言を組み立てていく。心が揺れた生徒がいれば、その思いにみんなで耳を傾ける。その作業を丁寧に繰り返すことで、道徳の授業は成立する。生徒の思いが明らかにならないような状態では、道徳の授業は成立しない。こうした考えのもとに、生徒が授業で自己開示できるように自分の名前が書かれたカードで、黒板に生徒一人ひとりの考えを意思表示する授業を実践する。

生徒全員の名前が黒板に並ぶ方法である。黒板を眺めると、自分の名前が目にとびこんでくる状況を作る。授業の途中で、自分の考えが変わる場合は、その考えに応じて黒板のカードを移動させる。こうして生徒の思いを明らかにする工夫により、より多くの仲間の考えを知り、自分の考えを深めていけると考えた。つまり、挙手をする、しないに関わらず、それぞれの思いが明らかになるはずである。

(4) 他教科との関連

国語科の「伝え会う力を高める」「相手の立場や考えを尊重して望ましい人間関係を作る」学習と密接に関連している。また理科の生物、社会科の現代医療、保健体育科の病気治療の知識を活用して考え、より命を大切にしようという気持ちを養う。

3 本時の指導

(1) ねらい

写真が語る事実から、かけがえのない生命を尊重する思いを養う。

(2) 展開　　◎主発問　　○発問　　★評価

過程	時配	学習活動と主たる発問・予想される児童生徒の反応	支援の手立てと留意点	資料
導入	5分	1　自然界での飢餓について知っていることを発表する。 ○「自然界で獲物を捕る動物には何がいるでしょう」 ・ライオン・虎・へび・ワニ ○「捕食される動物は？」 ・うさぎ・ねずみ・インパラ	・生徒の関心を引き付ける。	写真4〜5掲示 写真1〜3掲示
展開	30分	2　資料について話し合う。 ○「この写真でハゲワシが狙っている動物は何でしょう。」 ・ねずみ ・うさぎ ○「実は、この写真は…。」 ・生徒は絶句するであろう。 ○「この写真をどう思いますか。」 ・かわいそうだ ・助けたい ・残酷だ ○「あなたがこの場にいたらどうしますか。」 ・助ける ・助けを呼ぶ ・ハゲワシを追い払う ・逃げる ○「実はこの写真を撮影したカーターさんは、ピュリッツァー賞を受賞したのです。あなたは、写真家カーターさんの行為をどう思いますか。」 ・カーターさんの行為の賛否を問う。 ◎「カーターさんの写真を撮影していた行為に賛成できますか。反対しますか。」 〈賛成〉 ・ハゲワシは動きが速く、間に合わないから写真だけでも。 ・写真によって、飢えている少女がいることを他の人に知らせることができる。 〈反対〉 ・目の前でハゲワシに襲われそうになっているのだから助けるべきだ。 ・写真より目の前の命が大切。	・すでに知っている生徒もいるかもしれないが、それはそれで、「人間」と出た瞬間に写真の全てを見せる。 ・写真の少女を覆っていた紙をはがす。 ・飢餓を知らない可能性もあるので、ここで実情を紹介する。 ・見えにくい場合を考えて、生徒用の小さなサイズも用意する。 ・思うままに言わせる。 「難民キャンプのすぐそばで飢えた少女が倒れた。背後で死肉を狙うハゲワシが子どもの死を待つ。 ―今年度のピュリッツァー賞・企画部門賞獲得。」 〈朝日新聞1994年4月14日朝刊より〉 ・名前カードで意思表示する。 ・表情を観察して、生命についての意識の深まりようを探りつつ指名する。	資料1（一部を隠した写真） 資料2（必要があれば） ワークシート ワークシート

		3　スーダンの国情とカーターさんの写真撮影前後の気持ちを知る。	・スーダンは内戦と干ばつで100万人が飢餓状態にある。 ・一声あげてハゲワシを追い払った。あまりの衝撃にカーターさんは近くの木の下に座り込んでしまった。涙が込みあげてきた…。	資料3
		4　資料について再度話し合う。 ◎「カーターさんの心情を知った上で聞きます。カーターさんの写真を撮影していた行為に賛成できますか。反対しますか。」 ◎「シャッターを押すことと少女を救うことと、どちらが大切なことだと思いますか。」 〈シャッターを押すこと〉 ・写真は後に残るので、こういうことが起きているという事実を伝えられる。 ・シャッターを押してからでも少女は助けられる。 〈少女を救うこと〉 ・目の前の少女の命が大事だから。 ・写真を撮っている間に少女が食べられたら困るから。	・意見が変わった生徒は名前カードを移動する。 ・生命を救う、という行為を考える。 ・どちらも命を救おうとした行為であることに気づかせる。 ・考えを持っていても、記述することが苦手だと思っている生徒もいることを念頭におく。	ワークシート 資料5
		5　カーターさんのその後を知る。	・写真がニューヨークタイムズ紙に掲載されると「なぜ少女を助けなかったのか。」という非難の声が高まった。ピュリッツァー賞受賞後の数ヶ月後、自分の車の中で遺体となって、発見された。地元の警察は自殺と見ている。自殺の原因は、いまだに不明である。	
終末	10分	6　現在の飢餓に対する援助の様子を知る。	・最低限の支援を受けている子どもの写真を紹介する。	
		7　心のノートの「かけがえのない命」を読む。	・落ち着いた雰囲気の中で詩の言葉に集中できるようにする。	わたしたちの道徳
		8　学習を振り返って感想を書く。	★自分自身の生き方と重ね合わせて、自他の生命を尊重しようという思いを深めることができたか。 　　　　　　〈ワークシート記述〉	ワークシート

(3)　評価

　自分自身の生き方と重ね合わせて、自他の生命を尊重しようという思いを深めることができたか。

2　学習指導案作成の手順

学習指導案の作成は、前述した指導案の内容に沿って次のように進める。
① ねらいの検討：　指導内容と教師の指導の意図を明記する。
② 指導上の重点／授業の着地点を決定：　ねらいに関わる児童生徒の実態と各教科等での指導との関連を考慮して、指導の要点を明記する。
③ 教材研究：　授業のねらい、児童生徒の学習活動との関わりから、教科書や副教材（各都道府県教育委員会の読み物資料など）の題材に含まれている道徳的価値項目について、どのように活用するかを検討する。
④ 学習指導過程の構想：　ねらい、児童生徒の実態、教材・資料の内容などに基づいて、具体的な授業の展開（流れ）を組み立てる。

以下に、「道徳科学習指導案作成のための教材研究ワークシート」を掲げた。前掲の学習指導案「かけがえのない命」の資料「ハゲワシと少女」（写真）を例として、各自でワークシートに記入してみてほしい。

3　作成上の創意工夫

学習指導案の作成にあたっては、上記の作成の手順を基本としたうえで、さらに、児童生徒の実態、学校環境や地域の実情などに応じた教師の創意工夫が求められる。例えば、問題解決的な学習を促す指導、体験活動を活かす指導、ICTの利用など多様な教材の活用、校長・教頭を含めた複数の教師による協力的な指導、保護者や地域の人々の参加・協力など、様々な工夫が必要となる。学習指導案は、作成者だけでなく誰が見てもわかるような形式や記述を採用し、授業実践や校内研修などを通じて、よりよいものへと改善することが大切である。

参 考 文 献
沼野一男『教授工学入門』玉川大学出版部、1974年
村田昇編著『道徳の指導法』玉川大学出版部、2009年
文部科学省『中学校学習指導要領解説　特別の教科　道徳編』2015年

道徳科学習指導案作成のための教材研究ワークシート

【教材名】＿＿＿＿＿＿＿＿＿＿＿＿＿＿＿＿＿＿＿＿＿＿＿

概　　要	
含まれる道徳的価値 （ねらいとする価値）	
学習指導要領における 該当項目	
教材選択の理由	
教材にかかわる 児童生徒の実態	
授業のねらい （授業の着地点）	
ねらいとする価値に かかわる教材のポイント	
導入の工夫 補助資料 授業方法など	

授業の実践例

1 小学校第1学年道徳学習指導案

　実践例1と2では、小学校第1学年と第6学年を対象とした道徳学習指導案を紹介する。これらは、千葉県我孫子市教育委員会が作成した「Abi小中一貫カリキュラム」において、学習指導の定型として用いている指導案である。

　紹介する指導案は、映像資料を用いた道徳の授業である。テレビ等の映像資料による指導は、視聴後、児童間で討論を行い、感想文を提出するという学習が一般的であるが、この指導案では児童の日常生活と映像の内容とを関連させながら学習を進めている。

第1学年○組　道徳学習指導案

指導者○○　○○

1　主題名　　友達とのつながりを喜ぶ心
　　内容項目　　2-(3) 友情・信頼、助け合い
　　　　　　　　千葉県道徳教育の指針　支え合う喜び
　　資料名　　「ありがとう、みさきちゃん」
　　　　　　　　（千葉県教育委員会　道徳教育映像教材資料）
2　主題設定の理由
(1)　ねらいとする価値について
　友達と仲良くしたい気持ちがあっても、一人一人が違って当たり前という考え方をもつことが難しいため、トラブルをきっかけにそれ以上仲良くなることを諦めてしまう場合がある。したがって、相手が自分を思う気持ちに気付いたことに共感させ、自分の自己中心的な見方・考え方に気付き、相手の気持ちをよく考えて行動する大切さに気付かせていきたい。また、それができるようになれば、お互いに仲良く助け合っていけることを実感させ、互いを認め合い、協力し、友情を育んでいきたいという心情を養いたいと考え、本主題を設定した。
(2)　児童の実態

小学校低学年の児童は、友達の立場を理解したり自分とは異なる考えを受け入れたりすることが難しい。しかし、身近な友達と学校生活を共に過ごす中で、仲良く遊んだり、困っている友達のことを心配し助け合ったりする経験を積み重ね、友達のよさを感じ、仲良くしようとする気持ちが徐々に高まっていくのである。

(3) 資料について

本資料は、主人公春香が仲良くなった友達美咲の注意が受け入れられず、乱暴なことばをかけてしまう。その後、春香は美咲と一緒に遊ぶことをためらってしまい、どのように接してよいか迷ってしまう。しかし、けがをした時に誰よりも美咲が心配してくれ、また仲良くしたいという気持ちをもってくれていることを知り、春香の心からは迷いが消え、友達としての美咲の大切さに改めて気づくのである。

3 本時の指導

(1) ねらい

友達のよいところに目を向けて、互いに認め合い、どのような場面でも友達と仲良くしていこうとする気持ちを育てる。

(2) 展開　　　◎主発問　　○発問　　★評価

過程	時配	学習活動と主たる発問・予想される児童の反応	支援の手立てと留意点	資料
導入	3分	1　休み時間に友達と楽しく遊んだ時の経験を発表する。 ○休み時間に友達とどんなことをして遊んでいますか。 ・ドッジボール。 ・お絵かき。 ・おしゃべり。 ・トランプ。	・誰もが、意欲的に授業の話し合いに参加できるような雰囲気作りをすると共に価値への方向付けをする。	
展開	40分	2　DVDを視聴する。 3　はるかの気持ちについて話し合う。 ○はるかちゃんは、どのような気持ちで「うるさいなあ。」と言ったのでしょう。 ・いつもうるさいなあ。 ・なんで注意ばっかりするんだろう。 ・牛乳を飲まないのは自分の勝手でしょ。 ◎はるかちゃんは、みさきちゃんが他の女の子と話しているのを見て、どんなことを考えたでしょう。 ・嫌なことを言ってしまった。 ・仲直りしたい。	・登場人物を紹介し、春香の気持ちを考えながら視聴するように指示する。 ・美咲は仲の良い友達であり、美咲に悪気がないことをわかりながらも、乱暴な言葉を言ってしまった春香の気持ちに共感させる。 ・仲直りしたいがどうしたらよいかわからない気持ちや迷っている気持ちに共感させる。 ・もっと仲良くしたい気持ちがあることに気付かせたい。	DVD 場面絵2 場面絵3

		・悪かったな。謝りたいな。 ・違う友達と仲良くしよう。 ・みさきちゃんだけが友達ではない。 ○はるかちゃんが「ありがとう、ごめんね。」と言えた時、はるかちゃん自身はどのような気持ちになったのでしょう。 ・あんなこと言っちゃってごめんね。 ・仲直りできてよかった。 ・謝れてすっきりした。 ・ごめんね。これからも友達だよ。	★春香の迷っている気持ちに共感し、理由まで考え、十分に話し合うことができたか。 ・自分勝手だった自分を反省しつつ、仲直りできた喜びを感じている春香の気持ちを捉えさせる。 ・ワークシートに春香の気持ちを書かせることによって、全員が自信を持って発表できるようにする。 ・(児童の実態によっては、役割演技を行うことで、春香の気持ちを考えやすくする。)	場面絵5 ワークシート (春香と美咲のお面)
		4 学習を振り返って感想を書く。	・資料の感想だけではなく、自分自身の日常生活を振り返って書くように伝える。 ★自分自身に振り返って、友達のよい所を認め合い、互いに仲よく過ごそうとする気持ちを持つことができたか。	ワークシート
終末	2分	5 教師の説話を聞く。	・友達のよさが伝わるような、心温まる説話を心掛ける。	

(3) 評価

自分自身の生活に振り返って、友達のよい所に目を向け、仲よく助け合うことのよさに気付くことができたか。

次に、実際の授業に使用した指導案を掲載するので、定型の案と比較してほしい。指導案の中に、授業者の書き込みがなされていることがわかる。例えば、導入での発問「いつも何をして遊んでいますか」では、クラスの子どもたちが遊んでいる様子の写真をモニターに映す（TV活用）や、日頃授業や学級活動で使用している表情マーク、役割演技、ワークシート「必ず全員に◎をする‼よい言葉に〜を‼」などである。なお、この指導案による授業終了時の板書は以下の通りである。

我孫子市立新木小学校で実践された学習指導案

（手書き注記）
・発問「いつも何をして遊んでいますか」
③写真を見せる 子どもたちが休み時間遊んだ様子の写真を見せ、子どもたちをリラックスさせ楽しい雰囲気を持たせる。 (TV活用)

（2）展開　◎主発問　○発問　★評価

過程	時配	学習活動と主たる発問・予想される児童の反応	支援の手立てと留意点	資料
導入	3分	1 休み時間に友達と楽しく遊んだ時の経験を発表する。 ○休み時間に友達とどんなことをして遊んでいますか。 ・ドッジボール。 ・お絵かき。 ・おしゃべり。 ・トランプ。	・誰もが、意欲的に授業の話し合いに参加できるような雰囲気作りをすると共に価値への方向付けをする。	
展開	40分	2 DVDを視聴する。 3 はるかの気持ちについて話し合う。 ○はるかちゃんは、どのような気持ちで「うるさいなあ。」と言ったのでしょう。 ・いつもうるさいなあ。 ・なんで注意ばっかりするんだろう。 ・牛乳を飲まないのは自分の勝手でしょ。 ○はるかちゃんは、みさきちゃんが他の女の子と話しているのを見て、どんなことを考えたでしょう。 ・嫌なことを言ってしまった。 ・仲直りしたい。 ・悪かったな。謝りたいな。 ・違う友達と仲良くしよう。 ・みさきちゃんだけが友達ではない。	・登場人物を紹介し、春香の気持ちを考えながら視聴するように指示する。 ・美咲は仲の良い友達であり、美咲に悪気がないことをわかりながらも、乱暴な言葉を言ってしまった春香の気持ちに共感させる。 ・仲直りしたいがどうしたらよいかわからない気持ちや迷っている気持ちに共感させる。 ・もっと仲良くしたい気持ちがあることに気付かせたい。 ★春香の迷っている気持ちに共感し、理由まで考え、十分に話し合うことができたか。	DVD 場面絵2 場面絵3

（手書き注記：はるか…転校生、みさき…おせっかい、役割りえんぎ、みさき＝教師（おせっかいを言う）、はるか＝児童「うるさいなぁ もうわかってるよ」何回か行う　等）

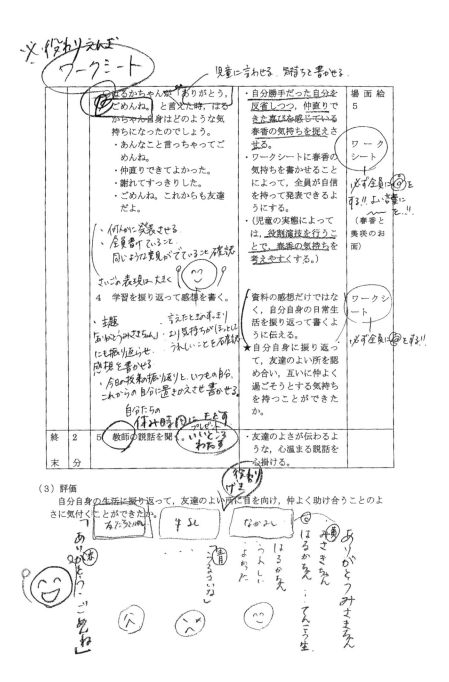

(4) 板書計画

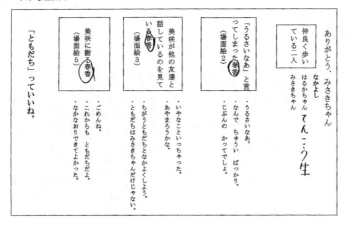

○ はるかの気持ちをおっていくことをしっかりおさえる

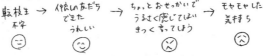

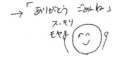

○ 顔の表情で、1年生でも、すぐわかりやすく、感情移入しやすい。振り返ったとき、ひと目でわかる。

○ さいごに、「友だちのいいところ」を書きとめてあった冊子をプレゼントする。あさのこタイムを使って、毎日、2人ずつ友だちのよいところを書き合ってきた。子どもたちは、いつか自分ももらえると楽しみにしている。道徳の授業の時に、このタイミングで、さいごに渡すことによって、子どもたちは、自分のいいところをたくさん書いてもらったのを読み、自分は受け入れられているように今日の内容が深まると予想される。また、子ども同士、相手のいいところに目を向ける習慣がつき、あたたかな学級の雰囲気につながる。それでも失敗したり時には、傷つけ傷つけられるようなことも経験していくが、謝まる力、許す力がさらにできるようになれば 今日の授業は成功である。
（きっかけになれば）

2 小学校第6学年道徳学習指導案

　この指導案は、今回の学習指導要領で重視されている郷土愛、愛国心をテーマとした学習内容である。授業は社会科歴史領域の学習と関連させながら、終末で郷土の先人たちの取り組みへと結びつけるという展開で構成され、補助資料として写真や日本地図を用いるだけでなく、話し合いによる学習方法を採用している。

第6学年○組　道徳学習指導案

指導者○○　○○

1　主題名　　　日本人として
　　内容項目　　4-(7) 郷土愛、愛国心
　　　　　　　　千葉県道徳教育の指針　未来へつながる「いのち」
　　資料名　　「新しい日本に」（東京書籍「小学校　道徳6　明日をめざして」）
2　主題設定の理由
(1)　ねらいとする価値について
　わたしたちは意識すると否とにかかわらず、日本人としての行動様式や物事のとらえ方を身に付けている。日本人としてのアイデンティティを確立していくことは、国際社会の中で生きていくうえで不可欠なことである。日本の文化や伝統を振り返りながら、日本人としての在り方やよさを自覚できるようにしたいと考え、この主題を設定した。
(2)　児童の実態
　児童は社会科などの学習で日本の技術の高さ、治安のよさはわかっている。また各国とさまざまな摩擦があり、世界と協力していかなくてはいけないこともわかっている。歴史学習を終えた今、歴史上の人物の中で世界を見渡して生き抜いた人物に触れることで、日本のよさを大切にして生きてほしいと考えた。
(3)　資料について
　坂本龍馬については、いろいろなエピソードがある。この資料は歴史学者の校閲を受け、史実に沿ってつくられている。その分、説明が多くなっているが、ねらいに迫るために必要なところは、薩長同盟と大政奉還の場面である。鎖国の中で、龍馬は自分の足でいろいろな情報を集めた。勝海舟、大久保一翁、松平春獄、横井小楠などの人たちから、アメリカの大統領制や清のアヘン戦争などについて聞き、日本はどうしたらよいのか考え、実行していった。龍馬の生き方から学ぶことは多い。
(4)　他教科との関連

社会科「明治の国づくりを進めた人々」
・幕府よりも強い政府が必要と考えた若い武士たちが明治維新を進めたことを理解する。

3　本時の指導
(1)　ねらい
　坂本龍馬や我孫子市の先人たちの努力を知り、人として大切にしたいことを考え、自覚を持って郷土を愛そうとする態度を育てる。
(2)　展開　　◎主発問　　○発問　　★評価

過程	時配	学習活動と主たる発問・予想される児童生徒の反応	支援の手立てと留意点	資料
導入	10分	1　龍馬について知っていることを話し合う。 ○坂本龍馬とは、どのような人物だったでしょう。 ・土佐藩出身の人。 ・薩長同盟を結んだ人。	・龍馬像の写真を提示し、「龍馬は実際にどんなことをしたのか、龍馬のどんな考えが生かされたのか」と問いかけ資料へ方向付ける。	太平洋を見ている龍馬像
展開	20分	2　「新しい日本に」を読んで話し合う。 ○龍馬はどんな考えで、薩摩藩と長州藩の手を結ぼうとしたのでしょうか。 ・日本が外国のものになってしまう。 ・藩同士が争っている場合じゃない。 ・薩摩と長州が協力して、開国を進めるべきだ。 ○龍馬はどんな考えで、政権を天皇に返せばよいと言ったのでしょうか。 ・今は世界の流れをよくみるべきだ。 ・新しい日本をつくりたい。 ・世界の人々と協力できる日本の体制をつくろう。 ◎薩長同盟や大政奉還には、龍馬のどのような考えがあったのでしょう。	・資料の前半は時代背景の説明である。児童の実態に合わせて、本文から読んでもよい。 ・龍馬は、貿易を盛んにして国を豊かにしたいと考えていたこと、日本全体のための政治にしなければならないと考えていたことを押さえる。 ★龍馬は、新しい日本をつくるために広い視野から見ていたことを理解しているか。	日本地図 ワークシート
終末	15分	3　我孫子市の発展に尽くした人について考える。 ・我孫子駅開設の功労者(飯泉喜雄) ・気象学の父（岡田武松） ・柔道の父、日本体育の父（嘉納治五郎）　など	・我孫子市にも文化や伝統を築いた人がいたことに関心を持たせる。 ★坂本龍馬や我孫子市の先人たちの偉業や努力について知り、これからの生き方や目標を考えることができたか。	我孫子の先人の写真

(3) 評価
　先人たちの偉業や努力を知り、これからの生き方や目標を考えることができたか。
(4) 板書計画

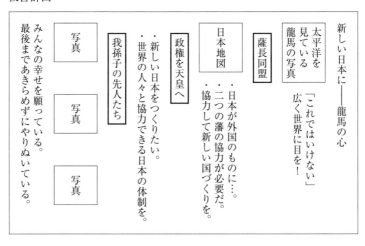

3 モラルジレンマ授業

　モラルジレンマ授業はコールバーグ理論（I部第4章）が理論的基盤となっている。道徳の教科化やアクティブ・ラーニングを重視する動向の中で注目が集まっているが、いまだに誤解もある。そこで、実践例の紹介に先立って、理論的根拠や満たすべき要件について簡単に整理しておく。

　モラルジレンマ授業では、ジレンマをめぐって多様な観点から意見を出し合い、対話や討論を通じて検討を進めることが重要である。教師が意見をいったり説話をしたりする必要は必ずしもない。また、授業のねらいとして価値項目を置き、そこに討論を収束させる必要はない（「オープンエンド」という）。討論し検討する中で多様な立場からの考えに気づき、それを通じて道徳判断の発達段階を上げることが目標である。

　適切なモラルジレンマ資料は、次の要件を満たす必要がある。1）ジレンマが自己の「弱さ」によるものでないこと、2）ジレンマが言葉のうえだけでなく事実として存在すること、3）ジレンマの解決が難しいこと、4）ジレンマをめぐる具体的事実の検討が可能であること。ノンフィクション資料はこれらの条件を満たしやすい。

　モラルジレンマ授業では、資料提示後に行うモラルジレンマを問う発問がきわめて重要である。授業の活動はこの発問に答えることを課題として行われる。また、授業は、自分の考えをまとめる作業と、グループもしくは学級全体での討論や意見交換を組み合わせて進める。

　モラルジレンマ授業ではワークシートを用いる方がよい。シートには、生徒自身の判断・理由の記入欄、他の生徒の賛成／反対意見の理由や事実の記入欄を設ける。賛成／反対意見は、対応関係がわかりやすいように用紙の左右に分けて記入欄を設けるとよい。また、十分な情報をもとに検討を行うために、関連事項を説明した資料を用意しておくことが望ましい。

　予想される生徒の反応は、コールバーグ理論の発達段階を踏まえつつ整理しておくとよい。これについては参考文献を参照してほしい。

中学校3年○組　モラルジレンマ授業の学習指導案

指導者○○　○○

1　主題名　　　尊厳死
　　内容項目　　3-(1)　生命の尊重
　　資料名　　　「尊厳死」
2　主題設定の理由
(1)　ねらいとする価値について
　生命の尊重はもっとも根本的な価値項目の一つである。しかしながら、高度に複雑化し、技術が進歩した現代社会では、実際の場面でどのようにすることが人命の尊重になるのか、判断の適否が簡単にはわかりにくいこともある。複雑な事実関係の中で生命の尊重について考えるためこの主題を設定した。
(2)　生徒の実態
　中学3年生となり、生命の尊さ、社会や人間のあり方、基本的人権などについて、より論理的に深く考えられるようになってきている。しかしながら、生命の尊さなどについて、概念としては理解しているものの、それを批判的に検討しより深い理解に向かう機会は、日常生活の中では、あまりない。
(3)　資料について
　医療技術が発達し、高度で手厚い治療が施されるようになった。これは喜ぶべきことであるが、それとともに、延命措置を停止すれば死に至る事例、すなわち、人間の死を人間が決することになる事例が増えることとなった。中には、延命措置を停止するか否かの判断が極めて困難なケースが存在する。尊厳死はこのような状況を背景にした問題である。本資料は、尊厳死の事例の中でも有名な、カレン・アン・クィンラン事件を題材にしている。
3　本時の指導
(1)　ねらい
　生命の尊さについて、その有限性なども含めて理解し、かけがえのない生命を尊重する。

尊厳死

　1975年4月、アメリカのニュージャージー州で起こった出来事である。カレン・アン・クィンランさん（21）は、友人の誕生パーティーに参加中、持病の薬を飲んだところで昏睡状態に陥った。すぐに病院に搬送され医師団が治療にあたったが、人工呼吸器と栄養を流し込むチューブにつながれた状態のままとなった。生命は取り止めたが、昏睡状態が続き意識は戻らない。医師団は、カレンさんの症状は重く、この状態から回復するのは不可能であると診断を下した。カレンさんの両親は、このような状態で生きても人間としての尊厳を保った生にはなりえないと考え、娘の尊厳死を望んだ。しかし、医師団は、人を死に至らす措置をとることはできないと、両親の望みを拒んだ。
　数カ月後、カレンさんの両親は、尊厳死の権利を認め、人工呼吸器を外し死に至る措置をとることを認めてほしいと、州の裁判所に訴え出た。第一審では訴えは認められなかった。両親は同州の最高裁判所に上告した。
　カレンさんの尊厳死を認めるべきだろうか、認めるべきではないだろうか。

（荒木［2013：130-131］修正）

(2) 展開

過程	時配	学習活動および教師の働きかけ	備考・留意点
導入	7分	モラルジレンマ資料「尊厳死」の提示 ・資料を読み取りジレンマを理解する。 中心発問の提示 ・両親の訴えどおりカレンさんの尊厳死を認めるべきか、認めるべきでないか。	・ねらいとして価値項目を示してもよい。 ・この授業の以後の学習活動はすべて、この発問に答えるためのものである。
展開	38分	最初の判断、判断理由の明確化 ・ワークシートを配布する。 ・自分の判断とその理由を記入する。 意見の発表と整理 ・賛否の意見分布を確認する。 ・判断と理由を発表するよう指示する。 学級での討論 ・他の生徒の判断や理由に対する質問・疑問・意見を発言するよう指示する。 ・検討を深めるための情報を提示する。 グループでの討論 ・グループで討論するよう指示する。	・生徒の個人作業 ・教師は、発表された判断や理由を整理する。 ・教師は意見を整理する。 ・提示する情報として、この事件に関する事実、尊厳死に関する一般的な知識などがある。必要を見極めて行う。 ・討論後、グループごとに発表させ、結果を共有する。 ・教師は論点を整理する。
終末	5分	最終判断、判断理由の明確化 ・自分の結論と理由をまとめ記入する。	・生徒の個人作業 ・教師は結論を示さなくてよい。

　なお、この事件は、この後次のような経緯をたどった。州最高裁は、1976年3月、人工呼吸器を外してもよいという判決を下し、5月、判決に従って人工呼吸装置が外された。ところが、カレンさんは死に至らず、自発呼吸を取り戻した。カレンさんはその後10年ほど、意識がないまま、人工呼吸器の助けを借りずに療養院で生き、1985年6月11日に亡くなった。この間、栄養は静脈から補給されていた。

参考文献
荒木紀幸監修、道徳性発達研究会編『モラルジレンマ教材でする白熱討論の道徳授業　中学校・高等学校編』明治図書出版、2013年
荒木紀幸編著『新モラルジレンマ教材と授業展開――考える道徳を創る　中学校』明治図書出版、2017年

4 中学校第2学年道徳学習指導案——多様な性とカミングアウト

　紹介する指導案は、京都府南部の中学校養護教諭（女性）が実践する「性教育」を通した道徳の授業例である。「多様な性」について学び、セクシュアル・マイノリティがカミングアウトすることの意味について考えることを通して、「友情、信頼」「相互理解、寛容」という道徳的価値を考えさせる授業である。

第2学年○組　道徳学習指導案

指導者○○　○○

1　主題名　　　多様な性とカミングアウト
　　内容項目　　友情、信頼
　　　　　　　　相互理解、寛容
　　資料名　　「もしも友だちがLGBTだったら？」（QWRC）
2　主題設定の理由
(1)　ねらいとする価値について
　この学習では、性のあり様は多様であること、多数派も多様性の中の1つであること、それらが対等平等な存在であることを理解することを目指す。
(2)　生徒の実態
　近年、セクシュアル・マイノリティの存在はメディア等でも取り上げられるようになってきているが、今なおテレビの向こうの存在となっていることが少なくない。自分自身にかかわる身近な問題として考えると、そこにはまだ多くの偏見と思い込みがある。「同性愛」という言葉を知っていても、「異性愛」という言葉は知らない。そのような状況の中で、セクシュアル・マイノリティの存在は「笑われる存在」「排除される存在」として生徒の会話に登場する。
(3)　資料について
　高校生の明日香は同級生の亜美と付き合いはじめて1年目。しかし小学校からの親友・真紀には自分が女の子が好きであることを言えないままでいた。そんな中、明日香の祖母・さと子は明日香の部屋でゲイやレズビアン関係の本を見つけて驚き、息子の隆之（明日香の父）を呼びつける…父親として明日香に問い詰めるようにさと子に言われた隆之は…。一方、明日香は真紀にカミングアウトするのか…。
3　本時の指導
(1)　ねらい
　①　同性愛や性同一性障害についての偏見と差別意識、思い込みを認識し、身体的性、性自認、性的指向についての理解を深める。
　②　カミングアウトする／される関係やその思いを考えることで、多様なセクシュアリティの問題を自分の問題として考えられるようになる。
　③　異質な他者と出会ったときの意思決定（行動）において何が必要かを考える。

(2) 展開　　◎主発問　　○発問　　＊指導上の留意点　　★評価

過程	時配	学習活動と主たる発問・予想される生徒の反応	支援の手立てと留意点	資料
導入	5分	1　自分たちが「多様な性」についてあいまいにしか知らなかったことを知り、学習の必要性を感じる	＊誤解していたり、わからない欄が多いが、全ての項目の紹介や解説もせずに、「言葉は聞いたことがあっても、内実はよくわからない」こと、にもかかわらず、「笑い」として使われていることを確認する。 ＊「笑い」ですませてよいのか考えて欲しい授業であることを伝える。周囲に色々な性をもっている人がいることを確認する。	
展開	40分	2　性の多様性を知る（25分） 3　討議・発表（15分）	「みんなよく知っているようで、実はよく分かっていないことが分かったよね。周りにいる人も少しいるね。実はこのことを知ってもらいたい中学生のドキュメンタリーがあるから一緒に観て考えてみよう」 ・ワークシート①の付け方を理解する。「もしも友だちがLGBTだったら？」を視聴（20分） ＊DVDをみながらメモをし、性の4要素を確認する。 ＊「男」「わからない」「女」にも幅があり、きれいに○○通りにはならないことを強調する。 ＊マイノリティの説明に終始しない。 ・DVD視聴後、多様性の樹形図を確認する。（5分） ＊樹形図で自分がどこに位置づくか確認する（ただし書かせない）。 ＊人間の性はきれいに2通りにならず、時には変化し、グラデーションであることを理解する。 ＊たった2通りを「普通」と読んでしまうことの問題にも触れる。 個別にワークシート（10分） Q1：なんで明日香は真紀にカミングアウトしたの？ 予想される生徒の反応 ・親友だから ・わかってくれそうだから ・隠しているのが苦しかったから ＊カミングアウトは単なる「秘密の告白」ではなく、信頼関係のもとに行われていることを確認する。 Q2：真紀が明日香に「言ってくれてありがとう」と言ったのはどうしてだろう？	ワークシート

			予想される生徒の反応 ・言いにくいことを言ってくれたから ・わからなかった部分がわかったから ・信頼されていると思ったから グループでの話し合い（5分） Q3：おばあちゃんにわかってもらうためにはどうしたらいいだろう？ →グループでいちおしの案を話し合って発表する。 予想される生徒の反応 ・本やインターネットを見せる ・お父さんに説明してもらう ・亜美、真紀を連れてくる ・あきらめる ・当事者に話をしてもらう ＊Q3についてさまざまな案を出させるとともに、より具体的に考えさせる。例）本やインターネット→本はどこにある？インターネットはどうやって検索する？	
終末	5分	4 「知る」ことが重要だということを知る。 　質問を記入する	やっぱり「知る」ことが大切だよね！ 知る方法はいろいろあるね みんなも知る必要があるんだよね。 もっと「知りたいでしょ？」という流れで、 ○「明日香にききたいこと」を質問カードに記入する。	質問カード「明日香に聞いてみたいこと」

(3) 評価

① 身体性、性自認、性的志向について考え、人間の性はグラデーションであることの理解を深めることができたか。

② カミングアウトする／される関係やその思いを考えることで、多様なセクシュアリティの問題を自分の問題として考えられるようになったか。

③ 異質な他者と出会ったときの意志決定（行動）において何が必要かを考えることができたか。

※本授業は下記の実践を継承・改善して行われている。
　渡辺大輔・楠裕子・田代美江子・艮香織「中学校における『性の多様性』理解のための授業づくり」『埼玉大学教育学部付属教育実践総合センター紀要』第10号、2011年
　渡辺大輔・楠裕子・田代美江子・艮香織「これだけはおさえておきたい性教育——中学校の授業づくりと実践」科研費補助金（基盤研究（C）一般、課題番号235310、研究代表者：田代美江子）研究成果報告書、2014年

性教育「多様な性」①　　2016年　月　日

DVD「もしも友だちがLGBTだったら？」を見てみよう！

あらすじ

高校生の明日香は同級生の亜美と付き合いはじめて1年目。しかし小学校からの親友・真紀には自分が女の子が好きであることを言えないままでいた。そんな中、明日香の祖母・さと子は明日香の部屋でゲイやレズビアン関係の本を見つけて驚き、息子の隆之（明日香の父）をよびつける…父として明日香に問い詰めるようにさと子に言われた隆之は…。一方、明日香は真紀にカミングアウトするのか…。

問い合わせ先：QWRC（くぉーく）

http://www.qwrc.org/　info@qwrc.org

人間の性ってどうなってるの？（DVDを見ながら印をつけてみよう）

	女　　　　男	
①身体	――――――	身体が「男性型」か「女性型」か判別しがたいか
②心	――――――	自分が自分の性別をどう思っているか
③見た目	――――――	どんな性別の見た目だと思われているか
④好きな人	――――――	好きな人（恋愛対象）の性別は何か

明日香…レズビアン：女性の同性愛者

女　　　男

① 身体 ――――

② 心 ――――

③ 見た目 ――――

④ 好きな人 ――――

トランスジェンダー（性同一性障害を含む）

女　　　男

① 身体 ――――

② 心 ――――

③ 見た目 ――――

④ 好きな人 ――――

真紀…ヘテロセクシュアル（異性愛）の女性

女　　　男

① 身体 ――――

② 心 ――――

③ 見た目 ――――

④ 好きな人 ――――

バイセクシュアル

女　　　男

① 身体 ――――

② 心 ――――

③ 見た目 ――――

④ 好きな人 ――――

樹形図で表してみると…（『見た目の性』はここでは省略）

考えてみよう！

上の樹形図のうち、身体との性が一致していて、異性を好きになる人（「普通」と考えられているパターン）は何通り？

（　　　　）通り

→なんでそれが「普通」と呼ばれてしまうのだろう？

実際はこんなにきれいに分けられません。

心の性は揺れたり、あいまいだったり、変わったりする場合があります。

どんな性別の人を好きになるかについても、あいまいだったり、変わったりする場合があります。

つまり、人間の性は【　　　　　　　　　　】のようになっているのです。

私たち一人ひとりはその中のたったひとつの点にすぎないのです。

図Ⅱ-4-1　配布資料　性教育「多様な性①」

みんなで考えてみよう！

1）なんで明日香は真紀にカミングアウトしたのだろう？

2）明日香が泊まりに来たとき、真紀が明日香に「言ってくれてありがとう」と言ったのはなんでだろう？

3）おばあちゃんにわかってもらうにはどうしたらいいだろう？

↓

グループの中でイチオシの案を話し合ってみましょう。

明日香に聞いてみたいこと・質問したいこと・もっと知りたいこと

2016年　月　日	2年　　組　　番	氏名：

図Ⅱ-4-2　ワークシート「みんなで考えてみよう！」

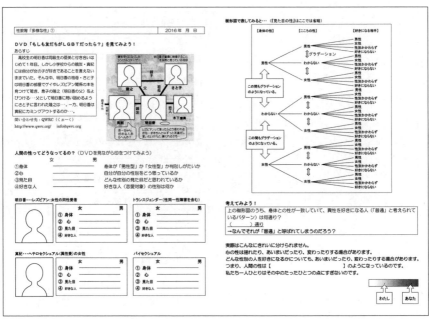

5　中学校第3学年道徳学習指導案
——オリンピック・パラリンピック教育と心のバリアフリー

　紹介する指導案は、「総合的な学習の時間」の中で、オリンピック・パラリンピックを題材とした授業実践である。指導者は中学校保健体育教諭（男性）である。ブラインドサッカー学習を通して、オリンピック・パラリンピック教育（オリパラ教育）＊がめざす資質のひとつ「心のバリアフリー」（障害の有無等にかかわらず、誰もが相互に人格と個性を尊重し支え合うこと）＝障害者理解を促そうとする授業である。

＊ 2016年12月の中央教育審議会答申「幼稚園、小学校、中学校、高等学校及び特別支援学校の学習指導要領等の改善及び必要な方策等について」において、「2020年に開催される東京オリンピック・パラリンピック競技大会の開催を、スポーツへの関心を高めることはもちろん、多様な国や地域の分化の理解を通じて、多様性の尊重や国際平和に寄与する態度や、多様な人々が共に生きる社会の実現に不可欠な他者への共感や思いやりを子供たちに培っていくことの契機としていかなくてはならない」ことが示された。2016年8月、スポーツ庁設置の「オリンピック・パラリンピック教育に関する有識者会議」から出された最終報告書においては、オリパラ教育の充実を図るために、早急な整備等の必要性が提案されている。

第3学年○組　総合的な学習の時間指導案

指導者○○　○○

1　主題名　　ブラインドサッカー学習
　　内容項目　　「親切、思いやり」「友情、信頼」「相互理解、寛容」
　　　　　　　　「公正、公平、社会正義」「より良い学校生活、集団生活」
　　資料名　　日本ブラインドサッカー協会編集DVD、学習資料（冊子）『VOY』
2　主題設定の理由
(1)　ねらいとする価値について
　この学習では、①チームワーク、②コミュニケーションの重要性、③個性の尊重、④障がい者理解、⑤ボランティア精神について考えることで、リーダーとしての心構えを身につける。
(2)　生徒の実態について
　①広い視野を持とう、②相手の立場を考える、③より多くの人と豊かなコミュニケーションをとろう、④自分をとりまく人・社会の中での自分を見つめ、これからに生かそうという4つの視点から学習する機会を模索していた。3年生は様々な学校行事など下級生の模範となるべき学校のリーダーであるから、リーダーとして必要な資質を向上させたいという願いもあった。

(3) 題材について

　ブラインドサッカーはパラリンピックの種目の一つである。パラリンピックを考えることは、パラリンピアンについて理解する機会になる。かれらが不自由なく暮らせる社会を目指すことはバリアフリーにつながる。それは高齢化社会のあり方について考えることとも重なる。近い将来、高齢者が人口割合の多くを占める時代に入るといわれて久しい。いまの生徒が社会で活躍する頃には、現在より間違いなくその割合は高くなっている。そのような時代に必要となる視点は、高齢者が社会生活に参加する上で生活の支障となる物理的な障害や、精神的な障壁を取り除くための施策である。若しくは具体的に障害を取り除いた事物および状態であるバリアフリー、文化・言語・国籍の違い、老若男女といった差異、障害・能力の如何を問わずに利用することができるユニバーサルデザインの施設・製品・情報の設計（デザイン）がより求められる。視野を広げれば、ユニバーサルデザインやグローバル社会といった考え方はオリンピズムと共通の理念があり、持続可能な社会を支えていくためには必要な考え方である。

(4) 準備物

　日本ブラインドサッカー協会編集DVD、学習資料（冊子）『VOY』、アイマスク、シャカシャカ音の鳴るボール。ゲストティーチャーとして、視覚障害者1名（ブラインドサッカープレーヤー）、サポートスタッフ1名

(5) 指導計画

時間	学習活動と主たる発問・予想される生徒の反応	支援の手立てと留意点	資料
1.5時間	1　事前学習 (1)DVD視聴、学習資料を活用して、ブラインドサッカーや視覚障がい者に対する理解を図る。 (2)アダプテッドスポーツやパラリンピックについても触れ、視覚障がい以外の視点についても学ぶ機会をつくる	○視覚障がい者がサッカーするって無理そうだと思う。どうしてそう思う？どんなことが難しいかな？ ○キミがアイマスクをして歩く時、どんな声があれば助かるかな？ ○キミのまわりでチームワークが必要な時ってどんな時だと思う？ ○視覚障がい者がふだん生活するなかで必要な手助けはどんなことだろう？ ○視覚障がい者がサッカーをするために工夫されているブラインドサッカーのルールにはどんなものがあるかな？	DVD 学習資料（冊子）
2時間	2　体験学習（本時）		
1時間	3　事後学習 (1)体験授業の振り返りで、感じたり理解したことをワークシートに残し、学習した生徒自身が日常生活につなげていけるよう指導する。	*ユニバーサルデザインについて、1964年東京オリンピックで使用されたピクトグラムを例に説明する。	ワークシート

3　本時の指導

(1) ねらい

　「コミュニケーション」から「チームワーク」「個性の尊重」「障害者理解」「ボランティア精神」という5つのキーワードを生徒たちが自ら気づき、考えを深める。

(2) 展開　　　◎主発問　　○発問　　＊指導上の留意点　　★評価

過程	時配	学習活動と主たる発問・予想される生徒の反応	支援の手立てと留意点	資料
導入	15分	1　講師挨拶、アイマスク		
展開	60分	2　体験ワークショップ (1)ペアになり、片方のみがアイマスクを身に付ける。まず、アイマスクを身に付けていない生徒が、視覚障害のある講師の体操の動きを見て、それをアイマスクを身に付けている生徒に伝えて、アイマスク生徒が実際に指示された動きを行う。	○相手に伝えるためにはどういった表現が好ましいのか考えさせながら指示を出す。 ＊見えない状態では「腕を回して」と言われても、前だけなのか後ろだけなのか、交差して回すのか、片方ずつなのか、いつまでやればいいのかなど、具体的な指示を出すことが必要。 ＊合言葉で伝わるもの、伝わらないものがある。 ＊指示する側が相手の体を触って誘導する。 ★伝え方には様々な方法や表現がある。	
		(2)アイマスクを身に付けて、音を頼りにして10m走る。	＊アイマスク生徒が安心して走ることができるように、手をたたいたり大きな声を出したりして相手が聞こえるように行う。 ＊隣のグループの待っている場所に間違えてしまう場合も考えられるので、名前も読みあげるとより分かりやすい。 ＊左右のどちらかを指示する際には、相手の立場にたった視点でことばをかけないと、指示する生徒から見た左右なのか、実際に走る生徒からみた左右なのかわからなくなってしまう。	
		(3)アイマスク生徒は、約10m離れたところに置かれてあるボールまで進み、そのボールをスタートした場所にキックする。	＊指示側と受け手側の解釈が異なると、受け手側が全く違った反応を示す。 ＊双方ともに見える状態であれば容易に伝わるものでも、なかなか伝わらないことを理解する。	
		(4)アイマスクなしの生徒が、ボールを斜め後方から山なりに投げ、それをアイマスク生徒が取りに行く。その後、スタートした場所にボールをキックで戻す。	＊ボールが転がっている時は、音が鳴っているが止まってしまうとわからなくなるので、声をかけて指示する。	

			(5) スタート地点から10m離れたコーンにボールを当てる。コーンが置かれている場所に生徒が一人いて、キックするアイマスク生徒に音で教えてあげる。3分間で何回当てることができるかグループごとに競争する。	＊2回目のチャレンジでは、アイマスク生徒が主体的に知りたい情報を求めて、補助者に問いながら試技に入った。指示を待つという受け身になるだけでなく、アイマスク生徒が能動的に補助者に働きかけることで、双方でどういった情報が必要なものであるのか学んだ。 ＊1回目が終了し、蹴り方を講師から教えてもらう。 ＊1回目よりも2回目の回数が増えた理由を考えさせる ・慣れてきたこと以外に、声掛けが上手になったことやチームワークが向上した。	
終末	15分	3	まとめ 生徒はこの限られた時間でそれぞれの立場を経験してきたことから、互いの立場を感じながら、指示を出したり聞いたりできた。この短時間で生徒の受け取り方や対応が変化し成長していくように感じられた。	○視覚障がい者だけではなく、日常で困っている人も含めて、困っている人に自分から声をかけられるかどうか	

(3) 生徒の感想

「体験を通して障がい者とは様々なことができないのではなく、様々なことを工夫して乗り越え、いろいろなことができるのだと、障がい者に対する見方が変わりました。」「『助ける』という第三者ではなく『with』というイメージ。一緒に体験し、楽しむことも『ボランティア』だと思う。」など。

(4) 評価

①ブラインドサッカーを体験して、障がい者のイメージが変わり、「心のバリアフリー」＝障がい者理解が深まったか。

②コミュニケーション能力、チームワークの向上がみられたか。

③相手への思いやり＝ボランティア精神が生まれたか。

④障がいは「特別」ではなく、個性の一つとしてとらえ、目の見えない相手に対して自分に何ができるか各自考えることができたか。

参考文献

長岡樹「オリンピック・パラリンピックを題材とした授業実践」筑波大学付属中学校『研究紀要』第67号、2015年

日本ブラインドサッカー協会「スポ育プロジェクト」
　（http://supoiku.b-soccer.jp/index.html）

6 高等学校第1学年道徳学習指導案

　現在、千葉県教育委員会は、道徳性を高める実践的人間教育を推進するために、高等学校等の道徳教育のより一層の充実を図ることを明示し、2013年度から原則として第1学年に、「道徳」を学ぶ時間35単位時間程度を導入している。特別活動の時間を中心に総合的な学習の時間等、各学校の教育課程に適切に位置づけて実施している。

　ここでは、高等学校第1学年を対象とした道徳学習指導案を紹介する。これは、千葉県立千葉南高等学校と東京情報大学による共同研究の実践において作成されたSSTの学習指導案である。特別活動の中に位置づけられた「道徳」の時間として5時間で設定したうちの4回目の授業で、対面上とネット上のコミュニケーションを重視した情報モラルをも含む仲間関係におけるコミュニケーション力を育むことがめざされたものである。

　紹介する指導案は、エビデンスに基づいた心理教育であるSSTによる道徳の授業である。このSSTでは、怒りの感情のコントロールにおいて行動のポイントをモデリングし、実際に練習（ロールプレイ）することを通して、様々な視点に立って考え、議論することができる。指導案では生徒の日常生活で生じやすい事例を取り上げ、対面上とネット上のコミュニケーションを関連させながら普段の生活の中に活かすことができるように、仲間とともに体験をしながら学習を進めている。

第1学年○組　道徳学習指導案

指導者○○　○○

1　主題名　　集団生活の充実
　内容項目　　2-(1・2・5)　時と場に応じた適切な言動、思いやり、自他の尊重
　資料名　　「怒り（感情）のコントロール」
　　　　　　（渡辺弥生・小林朋子編著『10代を育てるソーシャルスキルトレーニング』
　　　　　　北樹出版）
2　主題設定の理由
(1)　ねらいとする価値について

情報社会におけるコミュニケーションにおいて、ネット上と対面上のどちらをも大切にしながら感情をコントロールし、適切なコミュニケーションをすることが求められる。しかし、高校生であってもまだまだ未熟な状況にある。仲間とのコミュニケーションを円滑に行いたいと思っていても、感情に振り回されて感情的な言動となり不適切なコミュニケーションからトラブルを生じてしまう場合がある。したがって、コミュニケーションにおける怒りに焦点をあて、感情をコントロールする意義に気づかせ、自分がどのような時に怒りやすく、どのような言動をしてしまうのかといった見方・考え方に気付き、怒りのコントロールをすることで相手とのよりよいコミュニケーションにつながることを学ばせていきたい。また、それができるようになれば、お互いに心地の良いコミュニケーションになることを実感させ、自分の感情に気づいてコントロールすることで互いの関係を円滑にしていくコミュニケーション力を育んでいきたいという心情を養い、行動ができるようにしたいと考え、本主題を設定した。

(2) 生徒の実態

この時期の高校生は、自分の意見と相反する相手や親しい仲間関係ではない友人には表面上の付き合いをし、時に感情を抑制してしまう傾向にある。そのため、自分の意見を言えずに不満や苛立ちを高め、また些細なことで怒りをぶつけてトラブルになることも少なくない。そのため、情報社会における高校生の発達段階を考慮する中では、感情のコントロールを学び、日常生活の仲間関係において経験を積み重ねることを通して、適切な感情のコントロールが身についていき、コミュニケーションがより円滑になっていくことが期待される。このことは、誤解のないように相手に自分の考えや意見を伝えるためにも非常に意義があり、今後の学校生活においても基礎となる。

(3) 資料について

本資料は、エビデンスが明確な高校生を対象としたソーシャルスキルトレーニングに基づいている。本主題の指導にあたっては、「怒り」（感情）のコントロールの獲得に向けてモデリングやロールプレイ、話合い活動を取り入れている。まず、怒りのコントロールについて学ぶ意義を確認し、次に、モデリングにより怒りをコントロールするポイントを説明し、そして、具体的な場面を例に実際にリハーサルを行い、考えさせた互いの気づきを話し合わせて共有し、さらに、教師から肯定的評価と授業のまとめを伝えて、実際の生活でも使用することを促す。

3 本時の指導

(1) ねらい

怒り（感情）のコントロールを学ぶ意義とその知識について理解させ、自分の感情とその言動について考え、自分に合うコントロール方法を学び、どのような場面でも相手の気持ちを考えて接していこうとする日常生活に活かす態度を養う。

(2) 展開　　　◎主発問　　○発問　　★評価

過程	時配	学習活動と主たる発問・予想される生徒の反応	支援の手立てと留意点	資料
導入	3分	1　5つのルールを確認する 前回までの授業の復習、あるいは怒りのコントロールを学ぶ意義を伝える。〈インストラクション〉	・誰もが、意欲的に授業の話し合いに参加できるような雰囲気作りをすると共に価値への方向付けをする。	5つのルールの掲示物。
展開	40分	2　怒りに気づく。〈モデリング〉 ○教師の怒りの感情に関する経験を話す。 ○自分自身の怒りについて①どんな時に②どのような行動をとるかを振り返り③怒りをコントロールできないデメリットについてワークシートに記入しましょう。 ○怒りについて説明する。 ・怒りの感情を持つことは悪いことではない。 ・怒りを感じた時には心身に反応がある。 ・怒りの裏側にある感情に気づく。 ・怒りをコントロールするとよいコミュニケーションになる。	・教師がモデルとなって具体的に説明する。 ・Ⅰ怒りのコントロールチェックシートで確認しながら、怒った時の行動を振り返りながら記入させる。 ・怒りとは何かを、ワークシートを通して理解させる。	ワークシート
		3　怒りのコントロール方法を説明する。〈リハーサル〉 ○怒りのコントロールには①深呼吸、②間をとる、③その場から離れる、④自己会話、⑤心地の良いイメージをもつ、があります。	・教師自身の感情のコントロール方法を話しつつ、例を用いてコントロール方法を理解させる。そして、相手の気持ちや立場を考えて行動することが大事だと気づかせる。	ワークシート
		◎自分がいつもしているコントロール方法やできそうな方法を①から⑤で考えてみましょう。 その考えをグループで話し合いましょう。 ・深呼吸してから言葉を選んで伝えたい。 ・スマートフォンの電源を切ってみないようにする。 ・カッとなって言い過ぎたから謝りたいなと自分と対話する。 ・メールではなくて会って話そうと思う。	★スキルのポイントを押さえて自分の言動を振り返って考えることができたか、また話し合いではメンバーの気持ちに共感しながら十分に話し合うことができたか。 ・自分の怒りのコントロールの方法でできていることは続け、新たな気づきは行動にできるように自分に合うやり方を考えさせる。 ・ワークシートにスキルのポイントや自分自身の感情や気づきを書かせることによって、知識を再確認・再認識させ、班のメンバーに自信を持って発表できるようにさせる。	ワークシート

			・(生徒の実態によっては、(紙上)ロールプレイやリハーサルによって他者の意見を聴くことを通して、自分の気持ちに気づかされたり、やり方につなげることができやすくなる。)
		4 学習を振り返って感想や気づきを書く。	・授業の感想だけではなく、自分自身のこれからの日常生活に活かしていくために振り返って書くことを伝える。 ★自分自身を振り返って、友達のよいやり方を認め合い、互いによりよいコミュニケーションをしようとする気持ちを持つことができたか。
終末	2分	5 教師の説話を聞く。	・学んだスキルが自分の生き方や生活に関わること、そして課題意識や自分への問いを普段の生活の中で持つことができるような説話を心掛ける。

(3) 評価
　自分自身の友達関係における怒りのコントロールを振り返りながら、友達のよいやり方に目を向けつつ、相手の気持ちや立場を考えながら自分に合うコントロール方法に気づけ、普段の生活の中に活かそうとする意欲をもつことができたか。

　次に、実際の授業で使用したワークシートを掲載する。定型の案としつつ、生徒や学級の実態に合わせてSSTの流れのポイントを変えずに工夫してよい。例えば、5つのルールや前回の授業の振り返りが不必要であれば省く、教師の話やモデリングの場面における感想を記述させる、話し合いにおいて他のメンバーのコントロール方法やよいところを記入させる、などである。なお、話し合いの前には必ず考えをワークシートに記入させておくとよい。なぜなら、人前で話すことが苦手、緊張するといった生徒にとっては、書いた用紙を見て話すこと等もコミュニケーション自体の練習につながるからである。そのため、グループ全員が話し合いに参加できるよう、記入および話し合いでは、授業者の配慮や工夫が求められる。

千葉県立千葉南高等学校で使用されたワークシート
☆☆☆よりよい友達関係のために☆☆☆
～怒り（感情）をコントロールするスキル～

1. ソーシャルスキル５つのルール（確認）

> 1. じゃまをしない　　　　2. 押さない、ケンカしない、たたかない
> 3. ひやかさない　　　　　4. 全員が参加し、協力する
> 5. グループでの話し合いを大切にする

2. 話すスキルと聴くスキル　ポイント（ふりかえり）

> 【話す】：自分の考え・気持ち・感情　　　【聴く】：相手の伝えたいことを聴く
> ・言語（言葉）　　　　　　　　　　　　・相手に体を向ける
> ・非言語（言葉以外）　　　　　　　　　・あいづち、うなずき
> ・声の大きさやトーン　　　　　　　　　・視線（アイコンタクト）
> ・表情、姿勢、距離　　　　　　　　　　・最後まで話を聴く
> ・アイコンタクト　　　　　　　　　　　・質問する（確認する）
> ・身ぶり手ぶり

3. 怒り……自分自身を振り返ってみよう

①これまでに、「イライラしたり怒ったりすること」は、どんな時でしたか？

その時みなさんはどんな感じになりますか？　｜怒りのコントロールチェックシートで確認してみましょう。その後みなさんはどう行動していますか？

A　対事物

B　対人間
----

②怒りをコントロールできないと……

> 怒りとは（　誰も　）が持つ感情です。ですからその感情が問題なのではなく、その後どう対処するかが重要となります。
> 怒りの感情を上手く（　コントロール　）できず、そのまま相手にぶつけてしまうと、かえってトラブルが大きくなったり、（　友人関係　）を壊したりします。その結果、自分自身が（　傷ついたり　・　後悔　）したりすることになります。

4. 怒りの正体とは……
①怒りの下にあるもの

3-1 の怒りの場合には、その下にどんな感情があったのでしょうか？「怒りの岩」を見て当てはまる感情すべてに○をつけましょう。

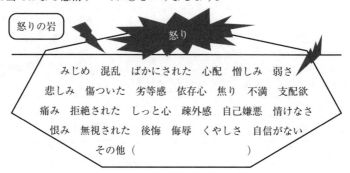

②何か気づいたことがありましたか？

[　　　　　　　　　　　　　　　　　　　　　　　　　　　　　　　]

③怒りとは……二次的なもの

怒りの下には、見えない（無自覚な）たくさんの感情（一次的）があるのですね。実は、怒りとはそれらの感情を引き出させた相手に対する<u>攻撃的な行為（姿勢）</u>なのです。

⬇

自分も相手も傷つく前に<u>自分の感情に気づき</u>、<u>怒りをコントロール</u>することがポイント

5. 怒りのコントロールの方法
(1) 感情に気づきコントロールする。再度自分自身を振り返ってみましょう。

①どんなときに？　②そのときの身体の状態は？　③どんな方法で落ち着かせるか？

① _____
② _____
③ _____

6. まとめ：感情をコントロールするためには

① 自分の感情に気づく。
② 自分に合った感情のコントロールの方法を知り、工夫して**使えるように練習する**。

⇩ （怒りっぽいのは性格のせいではないスキル不足）

嫌な感情になったとき、
または、嫌な感情になるその前に ｝適切な対処ができるようになる。

⇩

お互い、嫌な気持ちにならずよい関係が保てる。

Ⅰ 怒りのコントロールチェックシート

あなたがムカついてイライラしたとき、どんな感じになりますか？
当てはまる番号すべてに○をつけてみましょう。

① (　) 顔や耳が熱くなる　　　　⑦ (　) 息苦しくなり息が荒くなる
② (　) 手のひらが汗ばむ　　　　⑧ (　) 頭が真っ白になる
③ (　) 口の中が乾く　　　　　　⑨ (　) 手が握りこぶしになる
④ (　) 胃のあたりが重くなる　　⑩ (　) その他 (　　　　　　　)
⑤ (　) 心臓がすごく早く動く
⑥ (　) 胸がぎゅっとしめつけられる感じがする

Ⅱ 代表的な感情のコントロールの方法（スポーツ選手も活用）

① _深呼吸_
：大きく息を吸って、呼吸を止めて、（数を数えて）、ゆっくりはいて。
② 間を取る
：ゆっくり10を数える。1、2、3、…OK!
③ その場から _離れる_
：「ごめん、またあとで聞くね」
④ _自己会話_ （セルフトーク）
：自分の中に自然とわいてくる内的な対話でコントロールする方法。
「落ち着いて」「大丈夫」「気にしない気にしない」
⑤ 心地のよい _イメージ_ をしてみよう
：目を閉じて。うまくいったとき、好きなことをしている、楽しんでいる自分。

⑥その他、いつも自分でやっている方法や、上記①～⑤のうち、自分ができそうなことを具体的に書いてみよう。

資　料

中学校学習指導要領

平成20年3月告示
平成27年3月一部改正

第1章　総則
第1　教育課程編成の一般方針

2　学校における道徳教育は、特別の教科である道徳（以下「道徳科」という。）を要として学校の教育活動全体を通じて行うものであり、道徳科はもとより、各教科、総合的な学習の時間及び特別活動のそれぞれの特質に応じて、生徒の発達の段階を考慮して、適切な指導を行わなければならない。

道徳教育は、教育基本法及び学校教育法に定められた教育の根本精神に基づき、人間としての生き方を考え、主体的な判断の下に行動し、自立した人間として他者と共によりよく生きるための基盤となる道徳性を養うことを目標とする。

道徳教育を進めるに当たっては、人間尊重の精神と生命に対する畏敬の念を家庭、学校、その他社会における具体的な生活の中に生かし、豊かな心をもち、伝統と文化を尊重し、それらを育んできた我が国と郷土を愛し、個性豊かな文化の創造を図るとともに、平和で民主的な国家及び社会の形成者として、公共の精神を尊び、社会及び国家の発展に努め、他国を尊重し、国際社会の平和と発展や環境の保全に貢献し未来を拓く主体性のある日本人の育成に資することとなるよう特に留意しなければならない。

第2　内容等の取扱いに関する共通的事項

1　第2章以下に示す各教科、道徳科及び特別活動の内容に関する事項は、特に示す場合を除き、いずれの学校においても取り扱わなければならない。

2　学校において特に必要がある場合には、第2章以下に示していない内容を加えて指導することができる。また、第2章以下に示す内容の取扱いのうち内容の範囲や程度等を示す事項は、全ての生徒に対して指導するものとする内容の範囲や程度等を示したものであり、学校において特に必要がある場合には、この事項にかかわらず指導することができる。ただし、これらの場合には、第2章以下に示す各教科、道徳科及び特別活動並びに各学年、各分野又は各言語の目標や内容の趣旨を逸脱したり、生徒の負担過重となったりすることのないようにしなければならない。

3　第2章以下に示す各教科、道徳科及び特別活動並びに各学年、各分野又は各言語の内容に掲げる事項の順序は、特に示す場合を除き、指導の順序を示すものではないので、学校においては、その取扱いについて適切な工夫を加えるものとする。

8　道徳科を要として学校の教育活動全体を通じて行う道徳教育の内容は、第3章特別の教科道徳の第2に示す内容とする。

第3　授業時数等の取扱い

1　各教科、道徳科、総合的な学習の時間及び特別活動（以下「各教科等」という。ただし、1及び3において、特別活動については学級活動（学校給食に係るものを除く。）に限る。）の授業は、年間35週以上にわたって行うよう計画し、週当たりの授業時数が生徒の負担過重にならないようにするものとする。ただし、各教科等（特別活動を除く。）や学習活動の特質に応じ効果的な場合には、夏季、冬季、学年末等の休業日の期間に授業日を設定する場合を含め、これらの授業を特定の期間に行うことができる。なお、給食、休憩などの時間については、学校において工夫を加え、適切に定めるものとする。

第4　指導計画の作成等に当たって配慮すべき事項

3 道徳教育を進めるに当たっては、次の事項に配慮するものとする。
(1) 各学校においては、第1の2に示す道徳教育の目標を踏まえ、道徳教育の全体計画を作成し、校長の方針の下に、道徳教育の推進を主に担当する教師（以下「道徳教育推進教師」という。）を中心に、全教師が協力して道徳教育を展開すること。なお、道徳教育の全体計画の作成に当たっては、生徒、学校及び地域の実態を考慮して、学校の道徳教育の重点目標を設定するとともに、道徳科の指導方針、第3章特別の教科道徳の第2に示す内容との関連を踏まえた各教科、総合的な学習の時間及び特別活動における指導の内容及び時期並びに家庭や地域社会との連携の方法を示すこと。
(2) 各学校においては、生徒の発達の段階や特性等を踏まえ、指導内容の重点化を図ること。その際、小学校における道徳教育の指導内容を更に発展させ、自立心や自律性を高め、規律ある生活をすること、生命を尊重する心や自らの弱さを克服して気高く生きようとする心を育てること、法やきまりの意義に関する理解を深めること、自らの将来の生き方を考え主体的に社会の形成に参画する意欲と態度を養うこと、伝統と文化を尊重し、それらを育んできた我が国と郷土を愛するとともに、他国を尊重すること、国際社会に生きる日本人としての自覚を身に付けることに留意すること。
(3) 学校や学級内の人間関係や環境を整えるとともに、職場体験活動やボランティア活動、自然体験活動、地域の行事への参加などの豊かな体験を充実すること。また、道徳教育の指導内容が、生徒の日常生活に生かされるようにすること。その際、いじめの防止や安全の確保等にも資することとなるよう留意すること。
(4) 学校の道徳教育の全体計画や道徳教育に関する諸活動などの情報を積極的に公表したり、道徳教育の充実のために家庭や地域の人々の積極的な参加や協力を得たりするなど、家庭や地域社会との共通理解を深め、相互の連携を図ること。

第2章　各教科
第1節　国　語
第3　指導計画の作成と内容の取扱い
1　指導計画の作成に当たっては、次の事項に配慮するものとする。
(6) 第1章総則の第1の2に示す道徳教育の目標に基づき、道徳科などとの関連を考慮しながら、第3章特別の教科道徳の第2に示す内容について、国語科の特質に応じて適切な指導をすること。
（社会科／数学科／理科／音楽科／美術科／保健体育科／技術・家庭科／外国語科／総合的な学習の時間も準じる）

第3章　特別の教科　道徳
第1　目　標
第1章総則の第1の2に示す道徳教育の目標に基づき、よりよく生きるための基盤となる道徳性を養うため、道徳的諸価値についての理解を基に、自己を見つめ、物事を広い視野から多面的・多角的に考え、人間としての生き方についての考えを深める学習を通して、道徳的な判断力、心情、実践意欲と態度を育てる。

第2　内　容
学校の教育活動全体を通じて行う道徳教育の要である道徳科においては、以下に示す項目について扱う。

A　主として自分自身に関すること

［自主、自律、自由と責任］
自律の精神を重んじ、自主的に考え、判断し、誠実に実行してその結果に責任をもつこと。

［節度、節制］
望ましい生活習慣を身に付け、心身の健康の増進を図り、節度を守り節制に心掛け、安全で調和のある生活をすること。

［向上心、個性の伸長］
自己を見つめ、自己の向上を図るとともに、個性を伸ばして充実した生き方を追求すること。

［希望と勇気、克己と強い意志］
　より高い目標を設定し、その達成を目指し、希望と勇気をもち、困難や失敗を乗り越えて着実にやり遂げること。
［真理の探究、創造］
　真実を大切にし、真理を探究して新しいものを生み出そうと努めること。

B　主として人との関わりに関すること
［思いやり、感謝］
　思いやりの心をもって人と接するとともに、家族などの支えや多くの人々の善意により日々の生活や現在の自分があることに感謝し、進んでそれに応え、人間愛の精神を深めること。
［礼儀］
　礼儀の意義を理解し、時と場に応じた適切な言動をとること。
［友情、信頼］
　友情の尊さを理解して心から信頼できる友達をもち、互いに励まし合い、高め合うとともに、異性についての理解を深め、悩みや葛藤も経験しながら人間関係を深めていくこと。
［相互理解、寛容］
　自分の考えや意見を相手に伝えるとともに、それぞれの個性や立場を尊重し、いろいろなものの見方や考え方があることを理解し、寛容の心をもって謙虚に他に学び、自らを高めていくこと。

C　主として集団や社会との関わりに関すること
［遵法精神、公徳心］
　法やきまりの意義を理解し、それらを進んで守るとともに、そのよりよい在り方について考え、自他の権利を大切にし、義務を果たして、規律ある安定した社会の実現に努めること。
［公正、公平、社会正義］
　正義と公正さを重んじ、誰に対しても公平に接し、差別や偏見のない社会の実現に努めること。
［社会参画、公共の精神］
　社会参画の意識と社会連帯の自覚を高め、公共の精神をもってよりよい社会の実現に努めること。
［勤労］
　勤労の尊さや意義を理解し、将来の生き方について考えを深め、勤労を通じて社会に貢献すること。
［家族愛、家庭生活の充実］
　父母、祖父母を敬愛し、家族の一員としての自覚をもって充実した家庭生活を築くこと。
［よりよい学校生活、集団生活の充実］
　教師や学校の人々を敬愛し、学級や学校の一員としての自覚をもち、協力し合ってよりよい校風をつくるとともに、様々な集団の意義や集団の中での自分の役割と責任を自覚して集団生活の充実に努めること。
［郷土の伝統と文化の尊重、郷土を愛する態度］
　郷土の伝統と文化を大切にし、社会に尽くした先人や高齢者に尊敬の念を深め、地域社会の一員としての自覚をもって郷土を愛し、進んで郷土の発展に努めること。
［我が国の伝統と文化の尊重、国を愛する態度］
　優れた伝統の継承と新しい文化の創造に貢献するとともに、日本人としての自覚をもって国を愛し、国家及び社会の形成者として、その発展に努めること。
［国際理解、国際貢献］
　世界の中の日本人としての自覚をもち、他国を尊重し、国際的視野に立って、世界の平和と人類の発展に寄与すること。

D　主として生命や自然、崇高なものとの関わりに関すること
［生命の尊さ］
　生命の尊さについて、その連続性や有限性なども含めて理解し、かけがえのない生命を尊重すること。
［自然愛護］
　自然の崇高さを知り、自然環境を大切にすることの意義を理解し、進んで自然の愛護に努めること。
［感動、畏敬の念］

美しいものや気高いものに感動する心をもち、人間の力を超えたものに対する畏敬の念を深めること。

[よりよく生きる喜び]

人間には自らの弱さや醜さを克服する強さや気高く生きようとする心があることを理解し、人間として生きることに喜びを見いだすこと。

第3　指導計画の作成と内容の取扱い

1　各学校においては、道徳教育の全体計画に基づき、各教科、総合的な学習の時間及び特別活動との関連を考慮しながら、道徳科の年間指導計画を作成するものとする。なお、作成に当たっては、第2に示す内容項目について、各学年において全て取り上げることとする。その際、生徒や学校の実態に応じ、3学年間を見通した重点的な指導や内容項目間の関連を密にした指導、一つの内容項目を複数の時間で扱う指導を取り入れるなどの工夫を行うものとする。

2　第2の内容の指導に当たっては、次の事項に配慮するものとする。

(1)　学級担任の教師が行うことを原則とするが、校長や教頭などの参加、他の教師との協力的な指導などについて工夫し、道徳教育推進教師を中心とした指導体制を充実すること。

(2)　道徳科が学校の教育活動全体を通じて行う道徳教育の要としての役割を果たすことができるよう、計画的・発展的な指導を行うこと。特に、各教科、総合的な学習の時間及び特別活動における道徳教育としては取り扱う機会が十分でない内容項目に関わる指導を補うことや、生徒や学校の実態等を踏まえて指導をより一層深めること、内容項目の相互の関連を捉え直したり発展させたりすることに留意すること。

(3)　生徒が自ら道徳性を養う中で、自らを振り返って成長を実感したり、これからの課題や目標を見付けたりすることができるよう工夫すること。その際、道徳性を養うことの意義について、生徒自らが考え、理解し、主体的に学習に取り組むことができるようにすること。また、発達の段階を考慮し、人間としての弱さを認めながら、それを乗り越えてよりよく生きようとすることのよさについて、教師が生徒と共に考える姿勢を大切にすること。

(4)　生徒が多様な感じ方や考え方に接する中で、考えを深め、判断し、表現する力などを育むことができるよう、自分の考えを基に討論したり書いたりするなどの言語活動を充実すること。その際、様々な価値観について多面的・多角的な視点から振り返って考える機会を設けるとともに、生徒が多様な見方や考え方に接しながら、更に新しい見方や考え方を生み出していくことができるよう留意すること。

(5)　生徒の発達の段階や特性等を考慮し、指導のねらいに即して、問題解決的な学習、道徳的行為に関する体験的な学習等を適切に取り入れるなど、指導方法を工夫すること。その際、それらの活動を通じて学んだ内容の意義などについて考えることができるようにすること。また、特別活動等における多様な実践活動や体験活動も道徳科の授業に生かすようにすること。

(6)　生徒の発達の段階や特性等を考慮し、第2に示す内容との関連を踏まえつつ、情報モラルに関する指導を充実すること。また、例えば、科学技術の発展と生命倫理との関係や社会の持続可能な発展などの現代的な課題の取扱いにも留意し、身近な社会的課題を自分との関係において考え、その解決に向けて取り組もうとする意欲や態度を育てるよう努めること。なお、多様な見方や考え方のできる事柄について、特定の見方や考え方に偏った指導を行うことのないようにすること。

(7)　道徳科の授業を公開したり、授業

の実施や地域教材の開発や活用などに家庭や地域の人々、各分野の専門家等の積極的な参加や協力を得たりするなど、家庭や地域社会との共通理解を深め、相互の連携を図ること。
3　教材については、次の事項に留意するものとする。
　(1)　生徒の発達の段階や特性、地域の実情等を考慮し、多様な教材の活用に努めること。特に、生命の尊厳、社会参画、自然、伝統と文化、先人の伝記、スポーツ、情報化への対応等の現代的な課題などを題材とし、生徒が問題意識をもって多面的・多角的に考えたり、感動を覚えたりするような充実した教材の開発や活用を行うこと。
　(2)　教材については、教育基本法や学校教育法その他の法令に従い、次の観点に照らし適切と判断されるものであること。
　　ア　生徒の発達の段階に即し、ねらいを達成するのにふさわしいものであること。
　　イ　人間尊重の精神にかなうものであって、悩みや葛藤等の心の揺れ、人間関係の理解等の課題も含め、生徒が深く考えることができ、人間としてよりよく生きる喜びや勇気を与えられるものであること。
　　ウ　多様な見方や考え方のできる事柄を取り扱う場合には、特定の見方や考え方に偏った取扱いがなされていないものであること。
4　生徒の学習状況や道徳性に係る成長の様子を継続的に把握し、指導に生かすよう努める必要がある。ただし、数値などによる評価は行わないものとする。

教育ニ關スル勅語

朕惟フニ我カ皇祖皇宗國ヲ肇ムルコト宏遠ニ德ヲ樹ツルコト深厚ナリ我カ臣民克ク忠ニ克ク孝ニ億兆心ヲ一ニシテ世々厥ノ美ヲ濟セルハ此レ我カ國體ノ精華ニシテ教育ノ淵源亦實ニ此ニ存ス爾臣民父母ニ孝ニ兄弟ニ友ニ夫婦相和シ朋友相信シ恭儉己レヲ持シ博愛衆ニ及ホシ學ヲ修メ業ヲ習ヒ以テ智能ヲ啓發シ德器ヲ成就シ進テ公益ヲ廣メ世務ヲ開キ常ニ國憲ヲ重シ國法ニ遵ヒ一旦緩急アレハ義勇公ニ奉シ以テ天壤無窮ノ皇運ヲ扶翼スヘシ是ノ如キハ獨リ朕カ忠良ノ臣民タルノミナラス又以テ爾祖先ノ遺風ヲ顯彰スルニ足ラン
斯ノ道ハ實ニ我カ皇祖皇宗ノ遺訓ニシテ子孫臣民ノ俱ニ遵守スヘキ所之ヲ古今ニ通シテ謬ラス之ヲ中外ニ施シテ悖ラス朕爾臣民ト俱ニ拳々服膺シテ咸其德ヲ一ニセンコトヲ庶幾フ
明治二十三年十月三十日
御名御璽

教育勅語等排除に関する決議

　民主平和國家として世界史的建設途上にあるわが國の現実は、その精神内容において未だ決定的な民主化を確認するを得ないのは遺憾である。これが徹底に最も緊要なことは教育基本法に則り、教育の革新と振興とをはかることにある。しかるに既に過去の文書となつている教育勅語並びに陸海軍軍人に賜りたる勅諭その他の教育に関する諸詔勅が、今日もなお國民道徳の指導原理としての性格を持続しているかの如く誤解されるのは、從來の行政上の措置が不十分であつたがためである。
　思うに、これらの詔勅の根本理念が主権在君並びに神話的國体観に基いている事実は、明かに基本的人権を損い、且つ國際信義に対して疑点を残すもととなる。よつて憲法第九十八條の本旨に従い、ここに衆議院は院議を以て、これらの詔勅を排除し、その指導原理的性格を認めないことを宣言する。政府は直ちにこれらの詔勅の謄本を回収し、排除の措置を完了すべきである。
　右決議する。
昭和23年6月19日　衆議院本会議

第3章特別の教科道徳の第2に示す内容の学年段階・学校段階の一覧

	小学校第1学年及び第2学年(19)	小学校第3学年及び第4学年(20)
A　主として自分自身に関すること		
善悪の判断、自律、自由と責任	(1)よいことと悪いこととの区別をし、よいと思うことを進んで行うこと。	(1)正しいと判断したことは、自信をもって行うこと。
正直、誠実	(2)うそをついたりごまかしをしたりしないで、素直に伸び伸びと生活すること。	(2)過ちは素直に改め、正直に明るい心で生活すること。
節度、節制	(3)健康や安全に気を付け、物や金銭を大切にし、身の回りを整え、わがままをしないで、規則正しい生活をすること。	(3)自分でできることは自分でやり、安全に気を付け、よく考えて行動し、節度のある生活をすること。
個性の伸長	(4)自分の特徴に気付くこと。	(4)自分の特徴に気付き、長所を伸ばすこと。
希望と勇気、努力と強い意志	(5)自分のやるべき勉強や仕事をしっかりと行うこと。	(5)自分でやろうと決めた目標に向かって、強い意志をもち、粘り強くやり抜くこと。
真理の探究		
B　主として人との関わりに関すること		
親切、思いやり	(6)身近にいる人に温かい心で接し、親切にすること。	(6)相手のことを思いやり、進んで親切にすること。
感謝	(7)家族など日頃世話になっている人々に感謝すること。	(7)家族など生活を支えてくれている人々や現在の生活を築いてくれた高齢者に、尊敬と感謝の気持ちをもって接すること。
礼儀	(8)気持ちのよい挨拶、言葉遣い、動作などに心掛けて、明るく接すること。	(8)礼儀の大切さを知り、誰に対しても真心をもって接すること。
友情、信頼	(9)友達と仲よくし、助け合うこと。	(9)友達と互いに理解し、信頼し、助け合うこと。
相互理解、寛容		(10)自分の考えや意見を相手に伝えるとともに、相手のことを理解し、自分と異なる意見も大切にすること。
C　主として集団や社会との関わりに関すること		
規則の尊重	(10)約束やきまりを守り、みんなが使う物を大切にすること。	(11)約束や社会のきまりの意義を理解し、それらを守ること。

小学校第5学年及び第6学年(22)	中学校(22)	
(1)自由を大切にし、自律的に判断し、責任のある行動をすること。 (2)誠実に、明るい心で生活すること。	(1)自律の精神を重んじ、自主的に考え、判断し、誠実に実行してその結果に責任をもつこと。	自主、自律、自由と責任
(3)安全に気を付けることや、生活習慣の大切さについて理解し、自分の生活を見直し、節度を守り節制に心掛けること。	(2)望ましい生活習慣を身に付け、心身の健康の増進を図り、節度を守り節制に心掛け、安全で調和のある生活をすること。	節度、節制
(4)自分の特徴を知って、短所を改め長所を伸ばすこと。	(3)自己を見つめ、自己の向上を図るとともに、個性を伸ばして充実した生き方を追求すること。	向上心、個性の伸長
(5)より高い目標を立て、希望と勇気をもち、困難があってもくじけずに努力して物事をやり抜くこと。	(4)より高い目標を設定し、その達成を目指し、希望と勇気をもち、困難や失敗を乗り越えて着実にやり遂げること。	希望と勇気、克己と強い意志
(6)真理を大切にし、物事を探究しようとする心をもつこと。	(5)真実を大切にし、真理を探究して新しいものを生み出そうと努めること。	真理の探究、創造
(7)誰に対しても思いやりの心をもち、相手の立場に立って親切にすること。 (8)日々の生活が家族や過去からの多くの人々の支え合いや助け合いで成り立っていることに感謝し、それに応えること。	(6)思いやりの心をもって人と接するとともに、家族などの支えや多くの人々の善意により日々の生活や現在の自分があることに感謝し、進んでそれに応え、人間愛の精神を深めること。	思いやり、感謝
(9)時と場をわきまえて、礼儀正しく真心をもって接すること。	(7)礼儀の意義を理解し、時と場に応じた適切な言動をとること。	礼儀
(10)友達と互いに信頼し、学び合って友情を深め、異性についても理解しながら、人間関係を築いていくこと。	(8)友情の尊さを理解して心から信頼できる友達をもち、互いに励まし合い、高め合うとともに、異性についての理解を深め、悩みや葛藤も経験しながら人間関係を深めていくこと。	友情、信頼
(11)自分の考えや意見を相手に伝えるとともに、謙虚な心をもち、広い心で自分と異なる意見や立場を尊重すること。	(9)自分の考えや意見を相手に伝えるとともに、それぞれの個性や立場を尊重し、いろいろなものの見方や考え方があることを理解し、寛容の心をもって謙虚に他に学び自らを高めていくこと。	相互理解、寛容
(12)法やきまりの意義を理解した上で進んでそれらを守り、自他の権利を大切にし、義務を果たすこと。	(10)法やきまりの意義を理解し、それらを進んで守るとともに、そのよりよい在り方について考え、自他の権利を大切にし、義務を果たして、規律ある安定した社会の実現に努めること。	遵法精神、公徳心

公正、公平、社会正義	(11)自分の好き嫌いにとらわれないで接すること。	(12)誰に対しても分け隔てをせず、公正、公平な態度で接すること。
勤労、公共の精神	(12)働くことのよさを知り、みんなのために働くこと。	(13)働くことの大切さを知り、進んでみんなのために働くこと。
家族愛、家庭生活の充実	(13)父母、祖父母を敬愛し、進んで家の手伝いなどをして、家族の役に立つこと。	(14)父母、祖父母を敬愛し、家族みんなで協力し合って楽しい家庭をつくること。
よりよい学校生活、集団生活の充実	(14)先生を敬愛し、学校の人々に親しんで、学級や学校の生活を楽しくすること。	(15)先生や学校の人々を敬愛し、みんなで協力し合って楽しい学級や学校をつくること。
伝統と文化の尊重、国や郷土を愛する態度	(15)我が国や郷土の文化と生活に親しみ、愛着をもつこと。	(16)我が国や郷土の伝統と文化を大切にし、国や郷土を愛する心をもつこと。
国際理解、国際親善	(16)他国の人々や文化に親しむこと。	(17)他国の人々や文化に親しみ、関心をもつこと。
D 主として生命や自然、崇高なものとの関わりに関すること		
生命の尊さ	(17)生きることのすばらしさを知り、生命を大切にすること。	(18)生命の尊さを知り、生命あるものを大切にすること。
自然愛護	(18)身近な自然に親しみ、動植物に優しい心で接すること。	(19)自然のすばらしさや不思議さを感じ取り、自然や動物を大切にすること。
感動、畏敬の念	(19)美しいものに触れ、すがすがしい心をもつこと。	(20)美しいものや気高いものに感動する心をもつこと。
よりよく生きる喜び		

(13)誰に対しても差別をすることや偏見をもつことなく、公正、公平な態度で接し、正義の実現に努めること。	(11)正義と公正さを重んじ、誰に対しても公平に接し、差別や偏見のない社会の実現に努めること。	公正、公平、社会正義
(14)働くことや社会に奉仕することの充実感を味わうとともに、その意義を理解し、公共のために役に立つことをすること。	(12)社会参画の意識と社会連帯の自覚を高め、公共の精神をもってよりよい社会の実現に努めること。	社会参画、公共の精神
	(13)勤労の尊さや意義を理解し、将来の生き方について考えを深め、勤労を通じて社会に貢献すること。	勤労
(15)父母、祖父母を敬愛し、家族の幸せを求めて、進んで役に立つことをすること。	(14)父母、祖父母を敬愛し、家族の一員としての自覚をもって充実した家庭生活を築くこと。	家族愛、家庭生活の充実
(16)先生や学校の人々を敬愛し、みんなで協力し合ってよりよい学級や学校をつくるとともに、様々な集団の中での自分の役割を自覚して集団生活の充実に努めること。	(15)教師や学校の人々を敬愛し、学級や学校の一員としての自覚をもち、協力し合ってよりよい校風をつくるとともに、様々な集団の意義や集団の中での自分の役割と責任を自覚して集団生活の充実に努めること。	よりよい学校生活、集団生活の充実
(17)我が国や郷土の伝統と文化を大切にし、先人の努力を知り、国や郷土を愛する心をもつこと。	(16)郷土の伝統と文化を大切にし、社会に尽くした先人や高齢者に尊敬の念を深め、地域社会の一員としての自覚をもって郷土を愛し、進んで郷土の発展に努めること。	郷土の伝統と文化の尊重、郷土を愛する態度
	(17)優れた伝統の継承と新しい文化の創造に貢献するとともに、日本人としての自覚をもって国を愛し、国家及び社会の形成者として、その発展に努めること。	我が国の伝統と文化の尊重、国を愛する態度
(18)他国の人々や文化について理解し、日本人としての自覚をもって国際親善に努めること。	(18)世界の中の日本人としての自覚をもち、他国を尊重し、国際的視野に立って、世界の平和と人類の発展に寄与すること。	国際理解、国際貢献
(19)生命が多くの生命のつながりの中にあるかけがえのないものであることを理解し、生命を尊重すること。	(19)生命の尊さについて、その連続性や有限性なども含めて理解し、かけがえのない生命を尊重すること。	生命の尊さ
(20)自然の偉大さを知り、自然環境を大切にすること。	(20)自然の崇高さを知り、自然環境を大切にすることの意義を理解し、進んで自然の愛護に努めること。	自然愛護
(21)美しいものや気高いものに感動する心や人間の力を超えたものに対する畏敬の念をもつこと。	(21)美しいものや気高いものに感動する心をもち、人間の力を超えたものに対する畏敬の念を深めること。	感動、畏敬の念
(22)よりよく生きようとする人間の強さや気高さを理解し、人間として生きる喜びを感じること。	(22)人間には自らの弱さや醜さを克服する強さや気高く生きようとする心があることを理解し、人間として生きることに喜びを見いだすこと。	よりよく生きる喜び

諸外国における道徳教育の状況について

	イギリス（イングランド）	フランス	ドイツ	アメリカ
対応する教科・科目・領域等の名称	「市民性」（Citizenship）、PSHE（Personal, social, health and economic education）（人格・社会性・健康・経済教育）。	「公民・道徳」（小学校）。「公民」（中等教育）教科とは別に、学校全体で横断的に行う教育として「市民性教育」が導入されている。	州によって異なる。名称は「倫理」が最も多く、他に「哲学」「価値と規範」「生活形成・倫理・宗教」等がある。	州によって異なる。連邦政府の推進によって、人格（品性）教育（Character Education）が普及している。
法令上の位置付け	ナショナル・カリキュラム（学習指導要領に相当）において、「市民性」は教科・領域として規定。PSHEは、"nonstatutory"（法令に拠らない）プログラムとして規定。	「公民・道徳」「公民」は、学習指導要領で社会科系教科の一科目（必修）として規定。「市民性教育」は、1999年の教育省通達によって学校で実施するよう求められている。	「宗教科」が国の基本法（憲法に相当）で必修と定められており、その代替科目として実施している州が殆どだが、単独で必修と定める州もある（ベルリン市、ブランデンブルク州等）。	国・州ともに教科等の設置は定めていない。州の学校教育法で、人格・品性教育を必修と定める州が18州、実施を推奨する旨の記述のある州が18州となっている。
国や州による規定の内容	「市民性」はナショナル・カリキュラムで目標・内容を規定。PSHEは目標・内容を"non-statutory"として規定。方法は学校裁量。	国の策定する学習指導要領で目標・内容を規定。	各州が策定する指導要項等（学習指導要領に相当）で目標・内容（取り上げるテーマ等）を規定。	人格（品性）教育を盛り込んでいる州では、目標を示し、学校の教育活動全体を通して推進するよう求めている。
各学年の時間数	「市民性」：7-11学年。時間数は学校裁量。他学年では全教育活動で実施。PSHE：学校裁量。学校評価機関（Ofsted）は特設時間の設置を推奨している。	3-5学年：歴史・地理と合わせて年間78時間。6-10学年：歴史・地理と合わせて週3〜3.5時間。	州によって異なる。多くの州が、中学校以降（7-13学年）で週1〜2時間実施。小学校（1-4学年）から実施する州もある。	学校によって異なる。
担当教員	「市民性」は専任教員が実施。PSHEは小学校では学級担任。中学校では専任教員か学年担任が担当する。	専任教員が実施。	専任教員が実施。	定められていない。学校専任のカウンセラーが特定の時間を設けて実施する例がみられる。

	イギリス（イングランド）	フランス	ドイツ	アメリカ
評価	「市民性」は到達目標に示されたレベルに準拠した評価と文章による評価。PSHEは学期末の"School Report"で文章による記述式の評価が行われている。外部で実施される中等教育修了資格試験（GCSE）での評価も選択可能。	あり（社会科系他科目と同様、数値による評価）。	あり。数値（等級）による評価。小学校から設置している州では、数値による評価を行わず記述式で評価する州もある。	数値による評価はない。学校の判断で、学期末に記述式の評価を行うこともある。
教科書	民間出版社から複数発行。	民間出版社から複数発行。	民間出版社から各州文部省の検定を経て発行。	特に教科書の発行はない（授業等で使用する教材が各種団体や出版社から発行されている）。
公立学校における宗教教育	宗教教育（礼拝等を含む）は義務。「宗教科」は1-11学年で必修。	憲法で禁止。	宗派別の「宗教科」が殆どの州で必修。ブレーメンなど一部の州では他科目との選択必修。	宗派教育は憲法により禁止。
特記事項	2014年より新教育課程となる予定。「市民性」については、新しい目標と内容が示されている。PSHEの改定は、ナショナル・カリキュラムとは別に進められている。	学習指導要領には、義務教育段階で習得すべき「共通基礎知識技能」として、「社会的公民的技能」（規則の遵守・自他の尊重等）や「自律性・自発的精神」など、道徳に関わる内容が挙げられている。2007年には、これらの「共通基礎知識技能」について観点別に到達度を評価する「個別技能通知表」の導入が決定し、現在、準備が進められている。	欧州評議会が推進する市民性教育の流れを受け、社会科系教科でも伝統的な知識教育だけでなく実践力や心情・態度の育成を含むようになっている。2007年の法改正により、国は各州の教育に関与できなくなり、各州の自律性が高まっている。	2000年代には政府の公的資金によって人格（品性）教育が推進され、各州や民間教育団体において様々なプロジェクトが実施された。CEP（Character Education Partnership）等、様々な民間教育団体が、各州のプロジェクトへの支援、教材出版や授業指導案の開発・提供などを行っている。

	中国	韓国	シンガポール
対応する教科・科目・領域等の名称（設置学年）	「品徳と生活」(1-2学年)。 「品徳と社会」(3-6学年)。 「思想品徳」(7-9学年)。 「思想政治」(10-12学年)。	「正しい生活」(1-2学年)。 「道徳」(3-9学年)。 「生活と倫理」(10-12学年)。 「倫理と思想」(10-12学年)。 新たに2013年度より、教科とは別に、「人性（人格）教育」を全ての教育活動で行うと定められている。	「公民・道徳」(Civics and Moral Education; CME)(1-10／11学年)。 「公民」(Civics)(11-12／13学年)。
法令上の位置付け	国が策定する「課程計画」（開設科目と時間数を規定）で、教科（必修）と規定。	国が定める「教育課程」（学習指導要領に相当）で、教科群の中の一教科あるいは一科目として規定（教科群名は、小・中学校では「社会／道徳」、高校では、「社会（歴史／道徳を含む）」）。 小・中（1-9学年）で必修。 高校（10-12学年）で選択必修。	国の教育省が策定するシラバス（学習指導要領に相当）で、教科（必修）として規定。
国や州による規定の内容	「課程標準」（学習指導要領に相当。各教科の目標・内容等を規定）で、目標・内容を規定。 省・自治区・直轄市で独自の基準を設定可能。	国が定める「教育課程」において、目標・内容を規定。	教育省が学校段階・母語別のシラバスを作成。目標、内容、方法、評価法を明示。
設置学年と時間数	1-7学年：週2時間。 8学年：週3時間。 9学年：週2〜3時間。 10-12学年：週2時間。	1-2学年：年間128時間。 3-4学年：「社会」と合わせて2年間で272時間。 5-6学年：「社会」と合わせて2年間で272時間（1単位時間40分・年間34週）。 7-9学年：「社会／道徳」として3年間で510時間（1単位時間45分・年間34週）。 10-12学年：3年間で教科群「社会（歴史／道徳含む）」から15単位を選択必修（1単位は50分・17回）。	1-3学年：週2時間。 4-6学年：週3時間。 7-10／11学年：週2時間。 11-12／13学年：1モジュール30時間。
担当教員	小学校（1-6学年）では学級担任。 中学校以降は専任教員。	小学校（1-6学年）では学級担任。 中学校以降は専任教員。	小学校（1-6学年）では学級担任。 中学校以降は専任教員。

	中国	韓国	シンガポール
評価	あり。数値による教科の評価のほか、行動や性格の評価も実施されており、「道徳性」や「公民的資質」が文章による記述と数値（等級）で評価されている。	あり。小学校では記述式の評価で、数値による評価は行わない。中学校以降は数値による評価も実施。	あり。数値による評価。
教科書	国（教育部）による審査を経て採択される。	小学校は国定。中等以降は検定。	国定（民族母語別に作成）。
公立学校における宗教教育	法律により禁止。	宗派教育は教育基本法で禁止。高等学校では、宗教に関する知識を扱う宗教教育は実施可能で、選択必修科目「倫理と思想」の内容に盛り込まれるとともに、選択科目「宗教学」が設置されている。	実施されていない。
特記事項	「徳・知・体の全面発達」が中華人民共和国憲法・教育法に掲げられ、筆頭の徳育は社会主義に根ざす思想信念、世界観の教育を含む。学校教育の全課程を通して重視され、上記教科外の他教科等においても進められている。	現在、「2012年改訂教育課程」（教科科学技術部告示第2012-14号）により、2013年から2016年までの移行期間となっているが、上記は現在実施の内容である。韓国教育課程評価院が「教育課程」の研究・開発を行うとともに教科書の検定も行っている。	2014年より、価値やコンピテンシーの学習や教科外活動（日本の「特別活動」に相当）を統合的に推進する「人格・市民性教育（Character and Citizenship Education）」を初等中等全学年で順次導入予定でシラバスを作成している。

注）各国の教育課程の構成に関する制度や内容は様々であり、単純な比較は難しい。
　　本表では、各国の特色を日本と比較できるよう、日本の「道徳の時間」に最も近い教科・科目・領域等を中心に示している。なお、学年は小学校から高等学校までの通年表記としている。

索　引

ア　行

天野貞祐	44
アリスティッポス	23-4
アリストテレス	30
生きる力	47, 85
いじめ	94
いじめ防止対策推進法	3, 95
インターネット依存症（ネット依存）	7
SNS	5
エピクロス	24
――学派	24
オープンエンド	134
オリンピック・パラリンピック教育（オリパラ教育）	141

カ　行

快	24-5
快楽	25-6
快楽主義	25
各学校における重点的指導	92
学習指導案	115-7
学習指導要領	82
学習指導要領　一般編（試案）	43
学習指導要領　特別の教科　道徳	23
学制	35
仮言的命法	28
価値観	22
価値選択	69
価値づけの過程	68
「学校教育活動全体を通じて」の道徳（教育）	31, 32-3
学校における道徳教育	102
カミングアウト	137-8
考える道徳	91, 100
慣習的水準	51

慣習的水準以降、自律的、原理化された水準	51
慣習的水準以前	51
カント	27
期待される人間像	46
規範	18, 20, 29
基本型	91
義務論	22, 27, 29
キュニコス	26
――派	26-7
キュレネ派	23-4
教育課程	82
教育課程編成の一般方針	103
教育議	36
教育議附議	36
教育基本法	84
改正――	99
教育再生実行会議	48
教育刷新委員会	42
教育勅語（教育ニ関スル勅語）	38
教育勅語等の失効確認に関する決議	43
教育勅語等排除に関する決議	43
教化（インドクトリネーション）	66
教科化	98-9
教学聖旨	36
教科書	82
共感性	71
修身口授（ギョウギノサトシ）	35
教授―学習（「教える―学ぶ」関係）	30, 32, 111, 113
ギリガン	61
議論する道徳	91, 100
禁欲主義	26
形式	51
行為	26
幸福	25

167

功利主義	25-7
コールバーグ	50, 134
『国体の本義』	41
国定修身科教科書	39
国民学校	41
心の教育	85
『心のノート』	47
心のバリアフリー	141, 144
個人領域	57
子ども条例	17
子ども食堂	10
子どもの権利宣言	15
子どもの権利に関するジュネーブ宣言	15
子どもの権利に関する条約	16
子どもの権利に関する条例	17
子どもの貧困対策の推進に関する法律	12
子どもの貧困率	11
コミュニケーション	145

サ 行

自己の生き方	86
自然法則	27
社会慣習領域	57
社会契約的な法律志向	54
社会的視点調整能力	72
宗教	18-9, 21-2, 29, 33
習俗	18-22, 29, 33
授業	113-7
出生前診断	8
主として自然や崇高なものとのかかわりに関すること	90
主として自分自身に関すること	89
主として集団や社会とのかかわりに関すること	90
主として他の人とのかかわりに関すること	89
準要保護者	12
障がい者理解	144
小学校祝日大祭日儀式規程	38
情報モラル教育	95
自律	28
新教育指針	42
人権教育	94
『臣民の道』	41
ストア派	26-7
性自認	14
性的指向	14
性同一性障害	13
性同一性障害に係る児童生徒に対するきめ細かな対応の実施等について	13
世界人権宣言	15
セクシュアリティ	14
セクシュアル・マイノリティ	13, 137
ゼノン	27
善性	112
全面主義	84, 93
相対的貧困率	11
ソーシャルスキル	70
ソーシャルスキル・トレーニング	71
ソクラテス	23-4, 29
ソフィスト	24

タ 行

第一次アメリカ教育使節団報告書	42
大正新教育運動（大正自由教育）	40
対人交渉能力	73
対人的同調、「よい子」志向	53
多様性	13
多様な性	138
知識・経験・情報	29-30, 32-3, 113
ディオゲネス	26
定言的命法	28
テュリエル	56
道具主義的な相対主義志向	52
道徳	18-9
道徳学習指導案	125
道徳科（特別の教科　道徳）	25-6, 28, 31-2, 48, 83, 98, 101

——における「評価」	110	罰と服従への志向	52
——の「目標」	103	バリアフリー	142
道徳教育推進教師	110, 112	品性教育	66
道徳性を養う	86	不快（苦痛）	24-5
道徳説	22, 27	普遍的な倫理的原理の志向	54
道徳的価値	105	プラトン	29
——の内面化	65	プロタゴラス	23-4
道徳的価値観	29, 33	ベンサム	25
道徳的実践意欲	106	法	18-20, 22, 29, 33
——と態度	88	法則	27
道徳的諸価値	87	法則説	27
道徳的心情	88, 106	「法と秩序」志向	53
道徳的推論	76	**マ　行**	
道徳的判断力	87-8, 106		
道徳に係る教育課程の改善等について	96	マルクス・アウレリウス皇帝	27
道徳法則	27	ミル	26
道徳領域	57	無道徳（アノミー）	75
徳	111-2	メノン	29-30
——は教えられるか	30	目的論	22, 29
——は知識である	30	元田永孚	36
特設主義	84	モラルジレンマ	77
特設的な道徳（教育）	31	モラルジレンマ授業	134
特設「道徳の時間」	45, 83, 89, 98, 101	森有礼	37
特別の教科	111	問題解決的	100
徳目主義	105	**ヤ　行**	
ナ　行			
		豊かな人間性	85
内容	51	ゆとり	47
内容項目	106, 108	『幼学綱要』	37
西村茂樹	37	要保護者	12
24時間子供SOSダイヤル	2	よりよく生きる	104
人間としての生き方	86	**ラ　行**	
ハ　行			
		臨時教育審議会	46
配慮（ケア）	63	倫理	18-9, 21, 25
ハインツのジレンマ	50	ロールプレイ	72

編著者紹介

内海﨑貴子（うちみざき　たかこ）

　現在、川村学園女子大学大学院教授。
　1983年から複数の大学で「道徳教育」「教育原理」等の教職科目を担当、1993年以降、川村短期大学・川村学園女子大学教職課程担当教員として、幼稚園から高等学校までの教員養成に関わる。専門は人権教育、ジェンダー平等教育。
　「差別体験授業」「子どもへの暴力防止教育」教材を開発、様々な大学の教職科目、市町村教育委員会現職教員研修等で実践を重ねている。そうした実績により千葉県我孫子市小中一貫教育推進委員会委員長、鎌ヶ谷市男女共同参画推進懇談会会長など歴任。
　主著に『教職のための教育原理』（編著・八千代出版）、『新・教職入門』（共著・学文社）、『迷惑なひと・ことは教育の救世主―事例から学ぶ教育の方法論』（共著・あいり出版）、『新編日本のフェミニズム8　ジェンダーと教育』（共著・岩波書店）など。

教職のための道徳教育

2017年9月8日　第1版1刷発行

　編著者 ── 内海﨑　貴　子
　発行者 ── 森　口　恵美子
　印刷所 ── 新灯印刷㈱
　製本所 ── グ　リ　ー　ン
　発行所 ── 八千代出版株式会社

　　　〒101-0061　東京都千代田区三崎町 2-2-13
　　　TEL　03 - 3262 - 0420
　　　FAX　03 - 3237 - 0723
　　　振替　00190 - 4 - 168060

　　＊定価はカバーに表示してあります。
　　＊落丁・乱丁本はお取替えいたします。

© 2017 Takako Uchimizaki et al　　ISBN978-4-8429-1711-5